TECNOLOGIAS & MÍDIAS

NO ENSINO DE INGLÊS: O CORPUS NAS "RECEITAS"

Organizadores
Tony Berber Sardinha
Tania Maria Granja Shepherd
Denise Delegá-Lúcio
Telma de Lurdes São Bento Ferreira

MACMILLAN

© **Texto:** Tony Berber Sardinha, Tania Maria Granja Shepherd,
Denise Delegá-Lúcio, Telma de Lurdes São Bento Ferreira
© **Diagramação:** Macmillan do Brasil 2012

Gerente editorial: Wilma Moura
Editor: Fernando Santos
Capa e projeto gráfico: Estúdio Sintonia
Edição de arte e diagramação: Estúdio Sintonia

p. 49: *Someday I'll be Saturday night*: © Sony/Atv Tunes Llc // Universal Polygram Int. Publishing, Inc./Bon Jovi Publishing
p. 64: *Doctor, lawyer, Indian chief*: © EMI/Frank Music Corp./MPL Communications Ltd.

Dados Internacionais de Catalogação na Publicação (CIP)
(Câmara Brasileira do Livro, SP, Brasil)

Tecnologias e mídias no ensino de inglês : o corpus nas "receitas" / organizadores Tony Berber Sardinha...[et al.]. -- 1. ed. -- São Paulo : Macmillan, 2012.
Vários autores.
Outros organizadores: Tania Maria Granja Shepherd, Denise Delegá-Lúcio, Telma de Lurdes São Bento Ferreira.
Bibliografia.
ISBN 978-85-7418-859-1
1. Equipamento audiovisual 2. Inglês - Estudo e ensino 3. Inovações educacionais 4. Tecnologia da informação e comunicação I. Sardinha, Tony Berber. II. Shepherd, Tania Maria Granja. III. Delegá-Lúcio, Denise. IV. Ferreira, Telma de Lurdes São Bento.
12-03271 CDD-420.7
Índices para catálogo sistemático:
1. Inglês : Tecnologias e mídias no ensino 420.7

Macmillan do Brasil
Rua José Félix de Oliveira, 383 - Granja Viana
06708-645 – Cotia – SP – Brasil
www.macmillan.com.br
elt@macmillan.com.br

"You shall know a word by the company it keeps."
John R. Firth

Sumário

Agradecimentos 4
Como usar este livro 5

Introdução – O corpus, novas tecnologias e mídias no
 ensino de inglês: para uma pedagogia
 do terceiro milênio
 Tony Berber Sardinha e Tania M. G. Shepherd 6

Capítulo 1 • Filmes e séries 15
 As palavras curtas (*smallwords*) – *Marcia Veirano Pinto* 16
 As metáforas – *Denise Delegá-Lúcio* 24
 Os verbos – *Maria Cecília Lopes* 35

Capítulo 2 • Música 46
 Vocabulário temático – *Patrícia Bértoli-Dutra* 47
 Linking sounds – *Marcia Veirano Pinto* 57
 Linking words – *Patrícia Bértoli-Dutra* 62

Capítulo 3 • Jogos e videogames 69
 Verbos e seus colocados – *Cristina Mayer Acunzo* 70
 As narrativas e os RPGs digitais – *Márcia Regina
  Boscariol Bertolino* 78
 Gêneros no mundo dos games – *Tony Berber Sardinha* 90

Capítulo 4 • Novas mídias 97
 Podcasts na sala de aula – *Renata Condi de Souza* 98
 O YouTube no ensino – *Denise Delegá-Lúcio*
  e Telma de Lurdes São Bento Ferreira 106
 Tradução no meio digital – *Ana Julia Perrotti-Garcia* 114

Glossário – *Rosana de Barros Silva e Teixeira e
 Telma de Lurdes São Bento Ferreira* 126

Bibliografia 128
***Links* úteis** 130
Organizadores e autores 132

AGRADECIMENTOS

Os organizadores gostariam de agradecer a todos aqueles que contribuíram para o presente volume. Sem as sugestões e o apoio dos membros do GELC – Grupo de Estudos de Linguística de Corpus – este livro não teria sido escrito.

Ao CNPq, FAPESP, FAPERJ e CAPES somos gratos pelas bolsas de pesquisa recebidas.

Agradecemos também à Macmillan por ter acreditado no presente projeto e entendido que a pedagogia para a língua estrangeira do terceiro milênio inclui tecnologia, novas mídias e sobretudo corpus.

Tony, Tania, Denise e Telma

Aos meus alunos.
Tony Berber Sardinha

Aos meus amigos do GELC, for being there.
Tania M. G. Shepherd

Aos meus pais, Vera e Dimas, e aos meus amores Rodrigo, Gabriel, Rafael e Phelippo.
Denise Delegá-Lúcio

Ao Ricardo e à Maria Sofia.
Telma de Lurdes São Bento Ferreira

Como usar este livro

Este livro contém várias sugestões de atividades para o ensino de língua inglesa que utilizam tecnologias e mídias, criadas a partir de textos autênticos (*corpus*). Ele incorpora uma pedagogia de ensino que realmente inova e motiva. O livro também ajudará você a fazer adaptações nas atividades propostas, de acordo com o tipo de aluno, o contexto de trabalho e os recursos disponíveis.

Há quatro capítulos neste livro, com três seções cada. Todas as seções possuem a seguinte estrutura:
- Breve introdução sobre o tema;
- *Ingredientes:* recursos (filmes, músicas, etc.) necessários para as atividades;
- *Modo de fazer:* explicação sobre como utilizar os recursos escolhidos;
- *Rendimento:* minutos/aula.

Cada seção apresenta dois modelos de atividades, sugestões de *Acompanhamentos* (sugestões para uso interdisciplinar) e *Para saber mais* (sugestões de leitura).

Ao final do livro você encontra um glossário com alguns dos termos mais comuns da área (Linguística de Corpus) que estão destacados ao longo dos capítulos, bem como a bibliografia utilizada e *links* para *download* de materiais para consulta gratuitos. No *site* da editora, você encontra as atividades para *download* e explicações sobre a utilização dos programas sugeridos.

DICAS:
- Os capítulos do livro são numerados por uma questão de organização; no entanto, eles podem ser usados em ordem aleatória, de acordo com o tipo de atividade e/ou tecnologia que melhor convier ao professor.
- Filmes, jogos, músicas, vídeos etc. utilizados no livro são meramente ilustrativos; você pode desenvolver suas atividades a partir das instruções e dos modelos com a mídia que estiver disponível, que mais agradar aos alunos ou que apresentar conteúdos que lhe convenham.
- Sempre cheque as cenas de filmes, séries, *sites* a serem acessados antes de utilizá-los, pois algumas partes podem não ser apropriadas à faixa etária de seu aluno ou às recomendações da escola.
- Verifique nos ingredientes e nos *links* úteis os programas que precisa baixar, baixe-os e veja se consegue usá-los bem e se está tudo funcionando antes de começar a desenvolver as atividades.
- Como na Internet e nas tecnologias tudo muda muito rapidamente, caso algum *site* sugerido não esteja mais disponível, use como palavra de busca o assunto ou o nome do aplicativo desejado, assim você pode encontrar um substituto rapidamente.

IMPORTANTE: antes de começar, não se esqueça de que você vai precisar ter acesso a um computador e Internet banda larga.

Bom proveito!

Os organizadores

Introdução

O corpus, novas tecnologias e mídias no ensino de inglês: para uma pedagogia do terceiro milênio

Um grande linguista já disse que, num passado não muito distante, o professor de língua estrangeira tinha uma rotina: começava a tarefa do dia pedindo a seus alunos que abrissem o livro didático, olhassem para uma ilustração e lessem, ou mesmo repetissem em coro, textos especialmente "inventados" para a unidade que queria ensinar. Esses textos, via de regra, traziam pouca ou nenhuma semelhança com a linguagem no mundo "lá fora".

A inquietação com esses textos pré-fabricados e irreais trouxe uma mudança de foco para o ensino de funções comunicativas, calcado no uso de expressões do dia a dia. O material de aula a que eram expostos os aprendizes tornou-se por vezes autêntico, mas, na maioria das vezes, situacionalmente inadequado. Isto se dava porque as séries de livros didáticos adotadas eram produzidas para um mercado globalizado e falavam ao aluno sobre assuntos não pertinentes a sua cultura, aos seus interesses ou a sua faixa etária.

Por muito tempo, portanto, os professores ficaram submissos ora a um material linguisticamente empobrecido, ora a temas e situações que, por vezes, tangenciavam o aprendiz.

Dois fatos aconteceram fora da sala de aula de língua estrangeira que vieram afetar a vida de professores e aprendizes de forma impactante: o advento do computador pessoal e a popularização da Internet. Nada foi e está sendo mais transformador do que o acesso às novas mídias surgidas com a Internet, como os *emails* e depois as redes sociais, os *blogs*, as *wikis* e os *podcasts*. O conjunto computador/Internet pode ser considerado como um "abre-te sésamo" simbólico, ou seja, uma senha de acesso a ideias e mundos novos.

Este volume reflete uma proposta para acessar de forma clara e inteligente essas ideias e mundos e integrar tecnologias e mídias à sala de aula de língua estrangeira. Isto se dá porque elas:

- são baseadas em liberdade de escolha e nos permitem criar nossos próprios materiais, receitas "feitas-sob-medida" para nossos aprendizes e, o que é melhor, gratuitamente;
- têm o poder de melhorar o aprendizado da língua porque disponibilizam materiais autênticos;
- têm em seu cerne ambientes ideais para trabalho colaborativo;
- disponibilizam múltiplos meios nos quais há integração entre imagem, texto e som, que servem de organizadores para a informação verbal, mas que não precisam ser acessados linearmente como num livro didático feito em papel;
- permitem variação nos papéis sociais desempenhados pelos atores sociais da sala de língua estrangeira. O professor pode ser facilitador das procuras, somente um supervisor de tarefas, ou um orientador e mediador de interações. O

aluno pode exercer papéis de pesquisador, de alguém que resolve problemas, de compilador de resultados;
- promovem independência e pensamento crítico, como resultado da alternância dos múltiplos papéis desempenhados pelos aprendizes;
- dão acesso a ou possibilitam o uso de enormes bancos de texto, de diferentes fontes, que podem ser usados para consulta. Este último tópico será visto com detalhe na próxima seção.

Finalmente, o computador e a Internet são de inestimável valor porque a maioria dos professores de língua estrangeira teve sua formação nas Humanidades. É natural que esses profissionais escolham atividades para a sala de aula que coloquem para trabalhar o lado direito do cérebro, o lado responsável pela criatividade e pelos aspectos estéticos da vida. Entretanto, o aprendizado de línguas se dá no lado esquerdo – o lado lógico, da resolução de problemas, o lado que faz correlações entre partes e todo. Este é o lado que, em 96% dos seres humanos, controla a aquisição da língua materna e de outras línguas. Parece haver, portanto, um descompasso entre o que acreditamos ser a "receita" certa para uma boa prática pedagógica (o criativo e lúdico) e o que realmente vai ajudar nossos aprendizes a aprenderem e a reterem a língua estrangeira (o lógico).

Na seção que segue apresentamos ideias inovadoras para dar conta desse descompasso: a utilização das novas tecnologias na sala de aula de língua estrangeira. É justamente aí que os padrões típicos de aprendizagem (a resolução de problemas, a independência do aprendiz) se associam às formas típicas de comunicação do terceiro milênio para implementar as rotinas da sala de aula – a união do criativo e lúdico ao lógico, do agradável e motivador ao eficaz e duradouro.

Você agora está prestes a entrar em contato com novos modos de pensar sua sala de aula. Para tal, primeiro terá de ser (re)apresentado/a a algumas expressões usadas neste livro, que todo professor de língua estrangeira precisa incorporar a seu vocabulário cotidiano: ==corpus, Linguística de Corpus, concordância e palavra de busca==. Aqui são apresentadas maneiras de usar corpora no ensino de inglês, utilizando tecnologias facilmente disponibilizáveis por professores a seus alunos.

Para você se situar, aqui vai um pouquinho da história desses conceitos. Nada mais natural. Se o assunto fosse o advento do quadro-negro na sala de aula, iríamos certamente querer saber quando e onde ele teria aparecido e como incorporá-lo nas nossas práticas pedagógicas. Aqui, entretanto, vamos falar do computador, do corpus eletrônico e de como podemos explorar essas ferramentas.

O computador, o corpus e as novas tecnologias

Linguística de Corpus é um campo da Linguística e da Linguística Aplicada voltado para a coleta, análise e aplicação de corpora (plural de corpus) nas diversas esferas de atividade humana.

Um corpus é um conjunto de textos (escritos ou falados) em formato de arquivo de computador, coletados e organizados com a finalidade de serem amostras de uma língua ou de uma variedade linguística. A palavra "corpus" vem do latim e significa "corpo", conjunto de algo, em nosso caso, de amostras de uso da língua.

A Linguística de Corpus é recente, com os primeiros estudos com corpora eletrônicos datando dos anos 1960. Mas foi somente muito depois que tomou força, no início dos anos 1990. No Brasil, ela chegou no final da mesma década e se estabeleceu no começo dos anos 2000.

Entretanto, a ideia de coletar dados para subsidiar o entendimento e o ensino de línguas já vem de longa data, muito antes de haver uma disciplina chamada Linguística de Corpus. O grande divisor de águas foi a criação e difusão de uma tecnologia eletrônica: o computador digital.

Durante séculos, estudiosos das línguas coletaram corpora para auxiliarem na observação, catalogação, sistematização e ensino da língua de indivíduos de um certo local (a língua de um determinado país) ou em certos documentos (como a Bíblia).

Entretanto, até pouco tempo atrás, essas coletâneas eram guardadas em papel, já que não havia (ou eram muito restritas) outras mídias capazes de registrar a língua. O único meio de registro era analógico (papel, madeira, pedra, papiro etc.). Pelo fato de estarem em tais mídias, eram estáticas, de difícil reprodução e manuseio, e sem recursos de busca a não ser por índices feitos à mão e por meio de anotação em tais materiais. Ou seja, mesmo aqueles que se dispunham a coletar inúmeros textos se deparavam com o problema de como encontrar a informação desejada dentro da coleção de textos.

Para exemplificar, suponha que você tenha uma coleção de textos de revista que acha interessantes, todos guardados em papel, em diversas pastas, e que decida, depois de algum tempo, encontrar alguns deles que tenham exemplos de uma construção linguística ou função, para usar em aula. Como é possível encontrar tais textos (e apenas eles) entre tantos outros textos? Algumas maneiras possíveis são:

(1) conhecer de cor todos os textos da coleção e o que cada um contém;
(2) ter um sistema de registro para cada texto, em ficha de papel, por exemplo, de tal modo que cada ficha corresponda a um texto e indique as informações relevantes contidas nele;
(3) um sistema de fichas ordenado por informação linguística, em que cada ficha se refira a um tipo de informação e mostre os textos que possuem tal coisa;
(4) separar e arquivar os textos de acordo com o tipo de informação que têm em comum.

Como se vê, essas soluções são bastante trabalhosas e complexas, porque exigem muitas horas de trabalho contínuo para cada texto e a interligação das informações nas fichas e nas pastas. Mas, acima de tudo, são falhas porque dependem do ser humano para indexar toda a coleção, e, como sabemos, os seres humanos não são naturalmente equipados para fazer tais tarefas de modo confiável.

É muito melhor usar nossas energias para outras atividades menos mecânicas e deixar tais trabalhos para as máquinas, não é? Sim, se não fosse um pequeno detalhe: até pouco tempo, não havia máquinas capazes de organizar e buscar informações em textos de linguagem humana. Mesmo depois da invenção do computador digital, em meados do século passado, tais máquinas eram raras e extremamente caras e, além disso, não estavam preparadas para lidar com a linguagem humana, mas apenas com a linguagem do próprio computador e com números. Levou algum tempo para que a tecnologia se desenvolvesse e fossem criados computadores com a capacidade de processar textos escritos por humanos, mesmo que fosse para tarefas simples como encontrar caracteres em textos (como hoje faz o Google ou um computador pessoal qualquer).

Ao mesmo tempo em que as máquinas se desenvolveram dessa forma, foram surgindo cada vez mais textos em formato eletrônico. As duas coisas andaram juntas, num círculo virtuoso: à medida que computadores foram sendo usados na edição eletrônica de jornais, revistas e demais documentos de circulação ampla, maior foi se tornando a oferta de textos em formato eletrônico que tais máquinas poderiam acessar. Com a entrada em cena e a popularização de computadores pessoais e de *desktop publishing* (um termo antigo que quer dizer edição doméstica de texto), mais pessoas e textos foram entrando em circulação e mais e mais tais coletâneas de textos foram aumentando e sendo organizadas em máquinas ao redor do mundo.

O desfecho disso já conhecemos: os computadores que trabalhavam separados uns dos outros foram então se unindo em redes para que trocassem informações, até que surgiu essa rede única que conhecemos hoje, a Internet.

A Linguística de Corpus surge nesse contexto, nos primórdios do desenvolvimento de mídias como o disco fonográfico e do gravador de fita, nos anos de 1950 e 1960, ambos usados para coletar os primeiros corpora de língua falada, e dos computadores digitais, primeiramente as grandes máquinas *mainframe*, seguidos dos computadores pessoais, chegando hoje aos muitos *devices* como *smartphones, tablets* e *laptops*. Como se vê, a Linguística de Corpus está intimamente ligada à informática, em suas várias manifestações, como este livro mostra em seus capítulos. É importante ressaltar que tal ligação é dinâmica, visto que a Linguística de Corpus se atualiza à medida que mais tecnologias são criadas; ao mesmo tempo, os linguistas de corpus influenciam a direção seguida por essas novas tecnologias, porque a pesquisa realizada por eles acaba sendo aplicada no desenvolvimento de produtos e sistemas.

Neste ponto você pode estar se perguntando: mas então foi tudo um casamento por conveniência? Ou seja, foi somente porque havia os meios necessários para investigar a linguagem por meio de tecnologias que surgiu a Linguística de Corpus? É uma pergunta legítima, mas a resposta é não. Por um simples fato: como dissemos, já havia corpora e pesquisa com corpora antes da informática. Ou seja, muitos que se preocupavam com o estudo e ensino das línguas já tinham se dado conta da necessidade de ter dados. Mas então por que se preocupar com corpus antes das tecnologias, em condições tão adversas? A razão é que "caiu a ficha" para muitos estudiosos que, para conhecer o ser humano, a sociedade, a natureza, enfim, tudo ao nosso redor, é preciso ter dados. Sem dados, não existe ciência. Sem dados, temos opinião, "achismo", mas não evidência. Essa é a base das ciências empíricas, aquelas que trabalham com base em evidências. E os dados da Linguística de Corpus estão no corpus.

A Linguística de Corpus é, portanto, uma disciplina empírica, que se baseia em dados. Baseando-se em dados, não pode prescindir de um conjunto de textos falados ou escritos de onde tirar esses dados. O que nos leva de novo ao começo: o corpus. Outros tipos de linguística entendem também a premência de corpus, mas o diferencial da Linguística de Corpus é que o corpus deve ser eletrônico e que os dados devem ser textos (falados ou escritos), na íntegra, e não apenas partes dos textos que nos interessam. Isso porque na Linguística de Corpus temos um preceito básico: a descoberta. Os linguistas de corpus presumem que não sabem tudo que está no corpus, porque o que está no corpus é (amostra) da própria língua e ninguém sabe os detalhes do funcionamento da língua. É uma questão lógica simples: se não sabemos tudo que existe na língua, e por conseguinte queremos descobrir algo novo, não podemos selecionar apenas aquilo que já conhecemos para incluir no corpus, porque dessa forma não haveria nada mais a descobrir. O que os linguistas de corpus fazem é selecionar os textos que vão entrar no corpus por conta do gênero, registro ou tipo textual, ou por conta do meio em que circulam, enfim, devido a suas características situacionais, mas não suas características linguísticas. Caso contrário, nosso corpus será tendencioso e encontraremos apenas aquilo que já definimos de antemão.

Há diversas vertentes da Linguística de Corpus, mas todas se preocupam com um ponto central: a sistematicidade. Sistematicidade quer dizer a organização recorrente da língua em uso. Todos nós, falantes de alguma língua, já percebemos sua sistematicidade de modo consciente ou inconsciente. Notamos que em certas situações, falamos ou escrevemos de um jeito distinto, ou que em certas regiões fala-se uma variedade linguística, ou que há línguas diferentes faladas no mundo. O que não sabemos dizer, com certeza, por meio de nossa experiência, são as palavras, expressões, estruturas, funções, enfim, as características da linguagem empregada nessas situações. Por mais que nos esforcemos, nossa memória não é capaz de registrar e sistematizar essas informações. Como seres humanos e sociais, somos ótimos para empregar a língua, mas péssimos para detectar seu funcionamento de modo abrangente e detalhado. E, como vimos acima, os métodos pré-informática de registro da língua são custosos e falhos, não permitindo que detectemos de fato a sistematicidade do uso da língua por meio de dados. É aí que entra a Linguística de Corpus, para descobrir, por meio de evidências empíricas, o funcionamento da língua!

A importância do uso de corpus

A importância do uso de corpus na pesquisa e na aplicação tem a ver com muitos fatores, dentre eles:

1. Um corpus reúne amostras de textos escritos e falados que verdadeiramente circulam ou circularam na sociedade;
2. Registra a comunicação humana real e não aquela inventada para ilustrar teorias ou ensinar língua;
3. Permite a busca de informações de modo confiável;
4. Fornece dados que não foram selecionados de antemão devido a um ponto linguístico específico, permitindo a descoberta;
5. Oferece informações que não são passíveis de serem lembradas, adivinhadas ou intuídas pelo ser humano;
6. Pode revelar aspectos da linguagem humana que eram desconhecidos ou ignorados;
7. Pode trazer à tona informações sobre o funcionamento da linguagem que contradizem teorias estabelecidas;
8. Faz com que a investigação da linguagem seja baseada em dados e não em intuição ou achismo.

A pesquisa em Linguística de Corpus é ampla e variada, abrangendo muitos campos do conhecimento humano, mas sempre a partir do ponto de vista do uso da língua. O leitor pode consultar as diversas introduções sobre esta área para conhecer o alcance da Linguística de Corpus (Berber Sardinha, 2004; Biber, et al., 1998; Lüdeling & Kytö, 2008, 2009; McEnery & Wilson, 1996; O'Keeffe & McCarthy, 2010; Teubert & Krishnamurthy, 2007).

Do mesmo modo, a aplicação da Linguística de Corpus é abrangente e variada, sendo voltada para muitas áreas da atuação humana, porém igualmente fincada no uso da língua.

Entre todas as aplicações da Linguística de Corpus, enfocamos aqui aquela voltada à preparação de materiais didáticos para ensino de línguas, com o suporte das mais diversas tecnologias. Ou, posto de outro modo, podemos dizer que enfocamos o uso de tecnologias a partir de uma perspectiva de corpus. A base de qualquer aplicação da Linguística de Corpus é a pesquisa, em todos os campos, incluindo o ensino de língua estrangeira. Com isso queremos dizer que o aporte da Linguística de Corpus no ensino pode ser tanto o resultado da pesquisa com corpora quanto a metodologia de pesquisa, ou ambos. Tanto os achados quanto os métodos podem levar o aluno a tornar-se um pesquisador e encontrar por si mesmo evidências de uso, voltadas as suas necessidades ou objetivos.

No campo do ensino de línguas, portanto, a Linguística de Corpus está sempre atrelada à pesquisa, à descoberta, ao questionamento, à busca por evidências e ao manuseio de dados.

A Linguística de Corpus não possui uma base teórica de ensino ou aprendizagem de línguas, não tem alianças com qualquer método, abordagem ou quadro teórico de aprendizagem ou aquisição de língua estrangeira. Isso permite que a Linguística de Corpus seja livre para se combinar com qualquer vertente de ensino de línguas, incluindo, entre outras:

a. Abordagem Comunicativa
b. Abordagem Baseada em Tarefas
c. Ensino de Línguas para Fins Específicos
d. Interacionismo Sociodiscursivo
e. Teoria da Atividade
f. *Data-Driven Learning*

As aplicações da Linguística de Corpus no ensino podem ser divididas entre diretas e indiretas. As diretas são aquelas levadas a cabo por professores e alunos, enquanto as indiretas são aquelas proporcionadas por dicionários, gramáticas, e mesmo corpora, quando tais recursos não foram criados especificamente para serem utilizados no ensino (Römer, 2011).

Este livro se encaixa no primeiro tipo, de aplicações diretas, na medida em que traz uma série de contribuições de aplicação da Linguística de Corpus para serem postas em prática por professores e alunos.

Uma das aplicações da Linguística de Corpus mais frequentes é na preparação de materiais de ensino de línguas estrangeiras. Nesse âmbito, sua face mais conhecida são as concordâncias, ou listas de trechos do corpus com uma palavra centralizada (o nódulo, ou *node word*), que é aquela que se quer analisar.

O ímpeto inicial do uso de concordâncias foi a ideia de que tais instrumentos poderiam auxiliar o aluno de línguas tanto quanto já ajudavam o lexicógrafo na sua busca por entender os significados de uma palavra por meio de seu uso atestado em corpora. O trabalho pioneiro do uso de concordâncias no ensino se deu provavelmente na Universidade de Birmingham (Reino Unido), com Tim Johns, no que era conhecido por *Classroom Concordancing* (Johns & King, 1991). O fato de os primórdios do uso de concordâncias terem-se dado naquela universidade não foi fruto do acaso, visto que também lá se desenvolvia, na mesma época (década de 1980), o *Projeto Cobuild*, de onde nasceria o primeiro dicionário feito a partir de um corpus eletrônico. Esse projeto, liderado por John Sinclair, um dos fundadores da moderna Linguística de Corpus, marcou a área e sua influência é sentida até hoje nos mais variados campos de aplicação. No *Cobuild*, um instrumento essencial de análise de corpus era justamente a concordância, porque ela permitia que o lexicógrafo verificasse os padrões de uso de uma determinada palavra e formulasse, a partir disso, um verbete do dicionário, ou parte dele. A intenção era que o novo dicionário não partisse de definições já consagradas em outras obras ou preexistentes na mente dos lexicógrafos, mas que fossem extraídas dos dados, numa metodologia conhecida por "*bottom up*", isto é, "de baixo para cima", ou ascendente; tal procedimento opunha-se à costumeira abordagem "*top down*", "de cima para baixo", descendente, segundo a qual a definição era praticamente obtida anteriormente à análise do corpus, seja pela intuição ou tradição, e aos dados era geralmente reservado o simples papel de fornecer exemplos para tais definições a priori. O lexicógrafo passava então a ser um pesquisador, analisando os dados do corpus; ele aproveitava seu conhecimento prévio da língua para formular hipóteses sobre os significados das palavras que estudava, mas sempre com olhar crítico, deixando em aberto a possibilidade de os dados jogarem por terra suas crenças.

Do mesmo modo, o uso de concordâncias na sala de aula de língua estrangeira sempre teve como pressuposto que os alunos se engajem na análise de dados "com a mente aberta", ou seja, que seu conhecimento prévio seja transformado em hipóteses sobre o uso da língua, que os dados podem sustentar ou refutar. Como se nota, a ideia é a de que o aluno se torne um pesquisador, no sentido empírico do termo, uma pessoa que busca o conhecimento por meio de evidências. O professor, por sua vez, passa a ter um papel menos diretivo na aula, deixando de lado a função de trazer prontos "as regras" e "o conhecimento", para ajudar os alunos na condução de suas pesquisas. O professor tem agora outras funções, como a de orientar os alunos para que não percam o foco da análise, de manter o trabalho de descoberta estimulante, de ajudar os alunos a ler as linhas de concordância, para que entendam as palavras e expressões desconhecidas, entre outros. Essa vertente passou a ser conhecida por "*Data-Driven Learning*", ou "Ensino Movido a Dados", e teve como seu maior expoente Tim Johns.

Outros professores adotaram concordâncias no ensino, e muitos as utilizam de modo mais dirigido, isto é, com exercícios que direcionam a atenção dos alunos para os pontos escolhidos pelo currículo ou pelo próprio professor. Outros as empregam como mero recurso de ilustração de regras gramaticais ou de uso de vocabulário. Todas essas aplicações são válidas, visto que a concordância, assim como os outros instrumentos da Linguística de Corpus, devem ser entendidos como ferramentas para auxiliar o ensino de línguas, sempre adaptáveis ao contexto de ensino local e à prática do professor.

Embora o uso de concordância no ensino tenha se popularizado, pouco se sabe sobre como são de fato aulas de língua estrangeira em que esse instrumento é empregado. Felizmente, pesquisas como a de Bissaco (2010) lançam alguma luz sobre esse aspecto tão negligenciado da prática docente. A autora utilizou concordâncias no ensino de espanhol e gravou suas aulas; em seguida, analisou como se dava a mediação, em termos da interação entre professor e alunos. Os resultados mostraram (idem:156) que as ações mediadoras do professor eram na sua maioria voltadas à colocação de perguntas para os alunos (53%) e, em menor número, intervenções para organizar o trabalho dos alunos (22%) e passar informações (12%). Isso sugere que as concordâncias exigem um trabalho ativo do professor, como estimulador da curiosidade dos alunos. Também indica que a organização das aulas com concordância demanda muita atenção: a análise de dados não é um trabalho que faz parte do repertório de ações costumeiras dos alunos; por isso, o professor precisa assumir ativamente o papel de "gerente" da dinâmica na aula. Por fim, a pesquisa parece confirmar a ideia de que com concordâncias o professor deixa sua função de "provedor de conhecimento" em segundo plano.

O trabalho dos alunos, nas aulas com concordância, segundo Bissaco (2010:157), envolve essencialmente dar respostas aos questionamentos do professor (39%), expressar descobertas (22%) e colocar hipóteses (13%). Ou seja, o papel dos alunos é bastante ativo, tanto na interação com o professor, respondendo às suas perguntas, quanto na interação com os dados, formulando expectativas e discutindo os resultados encontrados. Esses resultados parecem confirmar a ideia de que o trabalho com concordâncias pode transformar os alunos em ativos pesquisadores da língua em uso, em vez de passivos receptores de informações.

As aplicações da Linguística de Corpus no ensino vão além da concordância, como este livro muito bem mostra. São inúmeros os tipos de exercícios, atividades, tarefas, projetos e aulas que podem ser montados com base em corpus. Berber Sardinha (2011) identifica três grandes grupos de materiais de ensino com corpus:

i. Com base em concordância
ii. Com base em texto
iii. Com base em multimídia

O primeiro tipo, como o nome diz, é aquele que tem na concordância o instrumento principal. Aqui se encaixam desde as propostas de ensino investigativo como o *Data-Driven Learning*, até aquelas que usam a concordância apenas para exemplificar o vocabulário, gramática, funções ou qualquer outro aspecto da língua a ser ensinado. É o tipo de material com base em corpus mais comum.

O segundo tipo é o material que tem o texto (escrito ou falado) como base. Com ele, os alunos partem do texto para estudar a língua e os dados provenientes de corpus são adicionados para permitir o melhor entendimento do texto. Esse tipo de material é o mais comum em livros didáticos, em que um diálogo ou texto escrito constitui o ponto de partida inicial da unidade. Também em materiais de línguas para fins específicos esse tipo de material é muito usado. A Linguística de Corpus entra na forma de concordâncias, listas de palavras, pacotes lexicais (agrupamentos de palavras), para mostrar a padronização lexicogramatical, a coocorrência e recorrência, a frequência e a variação de uso, entre outros aspectos.

O terceiro tipo é aquele em que se exploram diversos gêneros e registros, escritos, falados e multimodais, com mídias variadas, incluindo música, vídeo, fala, cinema, jogos, texto impresso etc. São empregados os mais variados recursos tecnológicos, como computador, videogame, Internet, em suas várias manifestações, isto é, *blogs*, fóruns de discussão, *email*, YouTube, Twitter, Facebook etc. A Linguística de Corpus entra com seus variados instrumentos de investigação da língua em uso, e a organização dos exercícios se dá em torno de uma "atividade social", inspirada no percurso de utilização das mídias feito pelos alunos fora da sala de aula. Por exemplo, no dia a dia, é comum buscar informação sobre um determinado assunto na *Web* e nesse processo "navegar" por diferentes mídias, indo da busca no Google para a leitura de uma postagem em um *blog*, para a visualização de vídeo no YouTube, para o compartilhamento de uma mensagem no Twitter e num *poke* no Facebook, e por aí afora. O material multimídia visa a trazer para a sala de aula atividades sociais de cunho multimodal a fim de explorá-las como recurso didático, apoiadas em princípios da Linguística de Corpus. Um dos pressupostos é que a Linguística de Corpus pode e deve fazer parte desse "percurso midiático", pois ela é nativa do mundo informático, desde sua origem, e hoje vive "naturalmente" no mundo virtual *online*, da "Nuvem". Toda a linguagem trocada e mantida na *Web* é na verdade um grande registro da experiência discursiva humana, em contínua expansão e diversificação. Na sala de aula, o professor pode ajudar os alunos a sistematizar o conhecimento disponível nesses recursos tecnológicos, recortando corpora relevantes para sua prática e para o contexto de ensino. Também pode integrar no "percurso midiático" diversos corpora *online* que já existem na "Nuvem".

Esperamos que este livro abra novas possibilidades de ensino de língua estrangeira por meio de tecnologias, aguçando a curiosidade de professores e alunos.

Capítulo 1
FILMES E SÉRIES

Marcia Veirano
Denise Delegá-Lúcio
Maria Cecília Lopes

Há muito tempo professores de idiomas vêm trabalhando com vídeos em sala de aula por acreditarem ser um modo motivador de ensinar e manter a atenção dos alunos. No entanto, esta prática costuma apresentar-se bastante desafiadora para o professor do ponto de vista do preparo da aula. Escolher o filme apropriado para ensinar um determinado conteúdo, por exemplo, é um fator complicador porque quando o professor sabe qual filme quer utilizar, precisa assistir ao filme todo ou copiar as legendas para encontrar conteúdos relevantes; quando ele tem um conteúdo para ensinar precisa ficar literalmente "caçando" um pedaço de filme que contemple aquele conteúdo. A consequência disso é que, muitas vezes, o professor desiste da atividade ou apenas exibe o filme, sem ter certeza de como vai lidar com ele. Este capítulo sugere alguns meios para utilizar filmes e séries em sala de aula, trabalhando suas imagens, sons e linguagem.

O capítulo está dividido em três seções. Na primeira seção, "As palavras curtas (*smallwords*)", apresentamos modelos de atividades que utilizam roteiros de filmes e séries como fonte de materiais autênticos para ensinar ao aluno algumas expressões curtas ou até mesmo sons que contribuem para manter a fluência de uma conversa. Na segunda seção, "As metáforas", apresentamos modelos de atividades utilizando uma série de TV para encontrar e ensinar metáforas verbais em contexto. A última seção, "Os verbos", apresenta possibilidades de uso de filmes e séries a partir de seus roteiros, mas aproveitando as legendas em português, para focar um item gramatical.

Marcia Veirano Pinto

As palavras curtas (smallwords)

A linguagem dos diálogos de filmes de cinema e programas de televisão não é exatamente o que poderíamos chamar de linguagem espontânea, já que foi inventada por um ou mais escritores de roteiros; no entanto, ela é produto do que seus autores, bem como o público, percebem como linguagem natural. Essa percepção possivelmente se dá porque as personagens são, muitas vezes, dotadas por seus autores de crenças comuns a todos os seres humanos e se envolvem em situações de nosso dia a dia ou do dia a dia de uma cultura com a qual nos identificamos ou reconhecemos.

Tais crenças muitas vezes influenciam o tom que queremos dar a uma conversa, o que, por sua vez, influencia nossas escolhas linguísticas. Por exemplo, há momentos em que acreditamos que o melhor é falar sobre algo sem rodeios, dar uma ordem direta, sermos absolutamente honestos. Em outros, acreditamos que é melhor sermos cuidadosos para não magoarmos a pessoa com quem estamos falando. Ao falarmos nossa língua materna, muitas vezes sabemos como agir em tais situações, mas como fazê-lo em inglês? Quais são as palavras que nos ajudam a "calibrar" o tom de uma fala? Frequentemente, são algumas das palavras conhecidas como palavras curtas da fala (*smallwords*), como por exemplo *well*, *kind of*, *just*, *you know*, *a bit* etc. Uma das vantagens em sensibilizar os alunos a respeito de seu uso e proporcionar oportunidades para que eles as utilizem é que elas tendem a conferir maior fluência, por preencherem as pausas em nossa fala ou nos proporcionarem mais tempo para organizarmos nosso pensamento ou encontrarmos uma palavra precisa.

As falas dos filmes e programas de televisão estão repletas dessas palavras, que na verdade estão dentre as mais comuns da língua inglesa, permeando a linguagem falada em geral. Por isso, nesta seção abordamos dois modos de incluí-las no currículo de Inglês como Língua Estrangeira.

Ingredientes

- Legendas de filmes e programas de televisão disponíveis em DVD/ Blu-ray
- Filmes e programas de televisão em DVD
- Transparência ou arquivo de computador
- Projetor (retroprojetor, *datashow* ou TV ligada a um computador)
- Programa de análise linguística *AntConc*

Modo de Fazer

1. Vá à Internet e selecione legendas de filmes e programas de televisão em DVD[1].

---

[1] Há alguns *sites* em que você pode selecionar as legendas, mas o mais completo é o http://subscene.com/. Outros *sites* que trazem legendas, transcrições e roteiros de filmes são: http://www.script-o-rama.com/snazzy/dircut.html; http://67.118.51.201/bol/MovDsply.cfm; http://www.moviescriptplace.com/main/movie/829; http://legendas.tv/; http://www.imsdb.com/genre/Comedy.

2. Salve as legendas em seu computador, no formato .txt (texto sem formatação, para que possam ser "lidas" pelo programa de análise), em uma pasta que você deve nomear "legendas", para que possa localizá-la com facilidade para preparar as atividades.

3. Escolha um trecho de filme ou seriado para mostrar aos seus alunos. Caso não saiba que filme ou seriado quer mostrar, siga os passos 4 a 7 a seguir.

4. Baixe o programa *AntConc*, seguindo as instruções no *site*.

5. Utilize o programa para análise das legendas escolhidas para selecionar os conteúdos relevantes; no caso deste tópico, as palavras *well*, *kind of*, *just*, *you know*, *a bit*.

6. Para fazer essa seleção você pode usar a aba *Concordance* do programa. Basta digitar a palavra que você quer utilizar na janela disponível e esperar o programa encontrar todas as ocorrências dessa palavra nas legendas que você salvou em seu computador[2].

7. Para encontrar um filme ou programa de televisão que contenha uma cena com mais de um exemplo da palavra que você vai ensinar seus alunos a usar, abra a aba *Concordance Plot*. Esse procedimento lhe mostrará todos os filmes que a contêm. Nessa tela a palavra é representada por uma barra; quanto mais larga for a barra, maior é a chance de você encontrar uma cena com várias ocorrências. Para identificar em que parte do filme ou programa de televisão essa cena ocorre, clique na barra e observe o tempo da legenda próximo a ela. Para que você não tenha dificuldade com esse procedimento, é importante nomear os arquivos que contêm as legendas de cada filme ou programa de televisão de um modo claro, ou seja, com o nome do filme ou programa de televisão ou com uma abreviação que você não tenha dificuldade para entender, caso seu nome seja demasiado grande.

8. Ouça a cena e compare com a legenda que você possui, para ter certeza de que são compatíveis. Por causa do espaço reduzido reservado para as legendas, muitas palavras são alteradas ou omitidas.

9. Prepare a atividade para seus alunos em folha de papel, transparência ou arquivo de computador que será projetado para eles.

Rendimento

Aproximadamente 45 a 50 minutos.

DICA: É aconselhável que você assista ao filme e leia o roteiro antes de criar atividades com filmes para observar se estes são adequados à faixa etária dos alunos.

O objetivo dessa atividade é mostrar aos alunos como o uso de palavras comuns na língua inglesa pode influenciar o tom de nossa fala. Nos exemplos de atividades aqui propostos usaremos as palavras e marcadores de discurso *see*, *look*, *you know*, *well*, *okay*, *right*, *like*, *not really* e *just*.

---

[2] Mais explicações para este procedimento e para o procedimento do item 7 podem ser encontradas no *site* da editora pelo *link* www.macmillan.com.br/tecnologias.

MODELO DE ATIVIDADE 1

VOCÊ JÁ SABE QUE FILME OU PROGRAMA DE TELEVISÃO QUER UTILIZAR

1 | Aquecendo

Vocês acreditam em extraterrestres e que eles nos visitam aqui no planeta Terra deixando rastros de suas visitas? Vocês acreditam no que dizem sobre o Triângulo das Bermudas? Vocês acreditam em algo sobre o qual é difícil convencer outras pessoas a acreditar? O que vocês dizem quando querem convencer alguém de alguma coisa?

Instruções para o professor: inicie a aula fazendo essas perguntas, uma de cada vez, deixando que os alunos expressem suas opiniões. O ideal é que essas perguntas sejam feitas e respondidas em inglês. Entretanto, caso isso não seja possível, use português. É importante que você não deixe que seus alunos saiam do assunto, mantendo um ritmo que não permita que essa etapa se estenda por mais de 15 minutos. (15 MINUTOS)

2 | Discutindo

Agora vamos comparar a opinião de vocês, sobre as duas primeiras perguntas que fiz, com a opinião da Phoebe, do seriado *Friends*. Por que Ross fica tão chocado?

Instruções para o professor: mostre aos alunos o trecho 00:04:27 - 00:05:55[3] do episódio 3 da segunda temporada do seriado *Friends*[4]. Coloque a legenda em inglês. Depois que os alunos responderem às perguntas, prossiga com o foco em como *Phoebe* e *Ross* se expressaram (terceira atividade, a seguir). (5 MINUTOS)

3 | Levantando hipóteses

Observem o diálogo entre *Phoebe* e *Ross*. Em duplas ou trios decidam, dentre as palavras sublinhadas, quais são aquelas que as personagens usaram para preencher as pausas em suas falas. Quais foram as que elas usaram para organizar seu pensamento, se explicar, justificar e/ou evitar magoar o outro? Vocês têm cinco minutos para fazer isso.

> **Phoebe:** I'm sorry, but sometimes they need help. That's fine. Go ahead and scoff. You know there're a lot of things that I don't believe in, but that doesn't mean they're not true.
> **Joey:** Such as?
> **Phoebe:** Like crop circles, or the Bermuda triangle, or evolution?
> **Ross:** Whoa, whoa, whoa. What, you don't <u>erm</u> you don't believe in evolution?
> **Phoebe:** Nah. <u>Not really</u>.
> **Ross:** You don't believe in evolution?
> **Phoebe:** I don't know, it's <u>just, you know</u>...monkeys, Darwin, <u>you know</u>, it's a, it's a nice story, I <u>just think</u> it's a little too easy.
> **Ross:** Too easy? Too...The process of every living thing on this planet evolving over millions of years from single-celled organisms, is-is too easy?

---
[3] Pode haver uma diferença de até 5 minutos para frente ou para trás, dependendo do software para DVDs ou do DVD player.
[4] Nome do episódio: Aquele em que o Heckles morre.

> **Phoebe:** Yeah, I just don't buy it.
> **Ross:** Erm, excuse me. Evolution is not for you to buy, Phoebe. Evolution is scientific fact, like, like, like the air we breathe, like gravity.
> **Phoebe:** Okay, don't get me started on gravity.
> **Ross:** You erm, you don't believe in gravity?
> **Phoebe:** Well, it's not so much that you know, like I don't believe in it, you know, it's just...I don't know, lately I get the feeling that I'm not so much being pulled down as I am being pushed.
> **Chandler:** Uh-oh. It's Isaac Newton, and he's pissed.

Instruções para o professor: projete o diálogo acima ou imprima e distribua para os alunos. Cheque as respostas. (10 MINUTOS)

4 | Praticando

Preciso de um voluntário para ler o papel do Ross. Eu vou ser a Phoebe. Nós vamos ler o diálogo omitindo as palavras sublinhadas. Vocês vão nos ouvir e dizer se acharam que o diálogo ficou melhor ou pior sem essas palavras e o porquê de sua opinião. Qual é o impacto que o uso dessas palavras tem em quem ouve as falas em que elas se inserem?

Instruções para o professor: o diálogo fica mais direto e, possivelmente, em alguns trechos, como por exemplo na terceira e sexta falas da *Phoebe*, mais agressivo. (5 MINUTOS)

5 | Aprofundando

Vamos assistir aos outros três trechos em que Phoebe e Ross continuam a discutir seus pontos de vista. Quem ganhou a discussão? Por quê?

Instruções para o professor: os trechos que você irá mostrar são: 00:07:05 a 00:07:52; 00:09:13 a 00:10:15 e 00:15:31 a 00:17:22[5]. Deixe que seus alunos assistam aos trechos com a legenda em inglês e respondam a sua pergunta antes de voltar o foco para o como *Phoebe* e *Ross* expõem seus argumentos. (10 MINUTOS)

6 | Explorando

Agora vamos observar os diálogos dos três trechos que acabamos de assistir, mas, desta vez, vocês vão procurar e selecionar as palavras iguais ou similares às que acabamos de estudar, que ajudam a minimizar a irritação do falante, justificar ou enfatizar seu ponto de vista, a se explicar, a preencher pausas e/ou a ganhar tempo para organizar seu pensamento. Depois de selecioná-las, coloquem-nas em colunas, como vou pôr no quadro.

Trecho 1
> **Ross:** How can you not believe in evolution?
> **Phoebe:** Just don't. Look at this funky shirt!
> **Ross:** Pheebs, I have studied evolution my entire adult life. Ok, I can tell you, we have collected fossils from all over the world that actually show the evolution of different species, ok? You can literally see them evolving through time.
> **Phoebe:** Really? You can actually see it? See, I didn't know that.

---

[5] Pode haver uma diferença de até 5 minutos para frente ou para trás, dependendo do *software* para DVDs ou do DVD player.

Ross: Well, there you go.
Phoebe: Huh. So now, the real question is, who put those fossils there, and why?

Trecho 2

Ross: Ok, Pheebs. See how I'm making these little toys move? Opposable thumbs. Without evolution, how do you explain opposable thumbs?
Phoebe: Maybe the overlords needed them to steer their spacecrafts.
Ross: Please, tell me you're joking.
Phoebe: Look, can't we just say that you believe in something, and I don't.
Ross: No, no, Pheebs, we can't, ok, because-
Phoebe: What is this obsessive need you have to make everyone agree with you? No, what's that all about? I think, I think maybe it's time you put Ross under the microscope.
Ross: Is there blood coming out of my ears?

Trecho 3

Phoebe: Uh-oh. It's Scary Scientist Man.
Ross: Ok, Phoebe, this is it. In this briefcase I carry actual scientific facts. A briefcase of facts, if you will. Some of these fossils are over 200 million years old.
Phoebe: Ok, look, before you even start, I'm not denying evolution, ok, I'm just saying that it's one of the possibilities.
Ross: It's the only possibility, Phoebe.
Phoebe: Ok, Ross, could you just open your mind like this much, ok? Wasn't there a time when the brightest minds in the world believed that the world was flat? And, up until like what, 50 years ago, you all thought the atom was the smallest thing, until you split it open, and this like, whole mess of crap came out. Now, are you telling me that you are so unbelievably arrogant that you can't admit that there's a teeny tiny possibility that you could be wrong about this?
Ross: There might be...a teeny...tiny...possibility.
Phoebe: I can't believe you caved.
Ross: What?
Phoebe: You just abandoned your whole belief system. I mean, before, I didn't agree with you, but at least I respected you. How, how, how are you going to go into work tomorrow? How, how are you going to face the other science guys? How, how are you going to face yourself? Oh! That was fun. So who's hungry?

Instruções para o professor: projete os diálogos acima ou imprima e distribua para os alunos. Coloque no quadro uma tabela com o título: "Palavras que nos ajudam a", cujas colunas têm como cabeçalho: "ganhar tempo para organizar nosso pensamento"/ "preencher pausas"/ "minimizar irritação"/ "justificar nosso ponto de vista"/ "enfatizar nosso ponto de vista"/ "nos explicar"/ "sinalizar que compreendemos o que foi dito". Cheque as respostas e peça que eles leiam os diálogos em duplas, invertendo os papéis quando acabarem. (10 MINUTOS)

7 | Pesquisando

Para casa — Agora que estudamos e praticamos o uso dessas palavras, como lição de casa assistam a um programa de TV, em inglês, de que gostem ou a um vídeo que mostre uma entrevista com seu ator/ cantor preferido[6] e anotem quais das palavras que usamos foram ditas pelos personagens/ atores/ cantores/ entrevistadores. Quais delas vocês acham que poderiam utilizar em uma discussão na próxima aula acerca do tema: Evolucionismo *versus* Criacionismo: qual dessas teorias explica a origem do mundo?

Instruções para o professor: na aula que se seguir à sugerida aqui, coloque o tema no quadro e, enquanto os alunos conversam a respeito dele, circule pela sala e ouça as opiniões. Para encerrar a aula, você seleciona algumas das respostas dadas, diz que o tema ainda é controverso e que seu papel não é convencê-los de que uma ou outra resposta é a correta, pergunta se eles conseguiram incorporar as palavras e se acham que elas os ajudaram a se expressar. A partir dessa aula, todas as vezes que você pedir que eles se expressem oralmente, em inglês, pode lembrá-los de usá-las.

MODELO DE ATIVIDADE 2

VOCÊ TEM O CONTEÚDO E O TEMA, MAS NÃO SABE QUAL FILME/SÉRIE USAR E COMO USÁ-LO/A

Você quer que seus alunos comecem a se sensibilizar com relação a alguns aspectos pragmáticos da língua inglesa para que se comuniquem com maior eficiência no futuro. Opta por lhes chamar a atenção para as palavras curtas da fala que conferem nuances de compreensão, por parte do interlocutor, que preenchem pausas no discurso e nos ajudam a ganhar tempo para organizarmos nossos pensamentos, como por exemplo as palavras explicitadas na introdução desta seção. O problema é que você não tem ideia de que cena(s) de filme ou programa de televisão concentra(m) algumas delas para poder explorá-las como gostaria.

Neste caso, abra, com programa *AntConc*, a pasta de legendas que você já deve ter em seu computador, de acordo com os passos 1 e 2 descritos no "Modo de fazer" desta seção, e siga os passos 4 a 7 também descritos nessa seção. A seguir, um exemplo de atividade feita a partir dos passos sugeridos.

1 | Aquecendo

Quais lendas sobre seres sobrenaturais vocês conhecem? Quais são as de que mais gostam? Por quê?

Instruções para o professor: inicie a aula fazendo essas perguntas, uma de cada vez, deixando que seus alunos expressem suas opiniões. O ideal é que essas perguntas sejam feitas e respondidas em inglês. Entretanto, caso isso não seja possível, use português. É importante que você não deixe que seus alunos saiam do assunto, mantendo um ritmo que não permita que esse passo se estenda por mais de 15 minutos. (15 MINUTOS)

2 | Apresentando

Quem de vocês já assistiu ao filme *Crepúsculo*? Quem gostaria de descrever as duas lendas que deram origem ao filme e que explicam as duas grandes comunidades de seres sobrenaturais que compõe a história?

---

[6] Há várias entrevistas disponíveis no *site* www.youtube.com.

Instruções para o professor: dê preferência a relatos em inglês. Quando os voluntários (dois) acabarem seus relatos, pergunte se os outros alunos querem acrescentar algum fato. (5 A 10 MINUTOS)

3 | Explorando

Agora vamos assistir ao Jake falando com Bella sobre uma lenda de sua tribo. Anotem os fatos que ele mencionar que também foram mencionados por vocês.

Instruções para o professor: o trecho do filme é 00:33:15 a 00:34:34. Coloque a legenda em inglês e cheque a resposta. Agora, tire o foco da informação e passe o foco para o modo como a informação é dada, seguindo o próximo passo. (5 MINUTOS)

4 | Discutindo

Observem o diálogo entre Jake e Bella. Por que Jake e Bella usam as palavras sublinhadas?

> **Bella:** What did your friends mean about, you know, "The Cullens don't come here?"
> **Jake:** You caught that, huh? I'm not really supposed to erm say anything about it.
> **Bella:** Hey, I can keep a secret.
> **Jake:** Erm, really, it's just like an old scary story.
> **Bella:** Well, I want to know.
> **Jake:** Okay, erm did you know Quileutes are supposedly descended from wolves?
> **Bella:** What? Like, wolves?
> **Jake:** Yeah.
> **Bella:** Like, real wolves?
> **Jake:** Well, erm that's the legend of our tribe.
> **Bella:** Okay. So what's the story about the Cullens?
> **Jake:** Well, they're supposedly descended from this, like, enemy clan. My great-grandfather, the chief, found them hunting on our land. But they claimed to be something different, so we made a treaty with them. If they promised to stay off Quileute lands, then we wouldn't expose what they really were to the palefaces.
> **Bella:** I thought they just moved here.
> **Jake:** Or just moved back.
> **Bella:** Huh! Right.

Instruções para o professor: projete o diálogo acima ou imprima e distribua para os alunos. Discuta as respostas com eles. (10 MINUTOS)

5 | Praticando

Observem as palavras sublinhadas novamente e classifiquem-nas de acordo com as colunas no quadro.

Instruções para o professor: escreva no quadro colunas com os seguintes cabeçalhos: "falar sobre alguma coisa que o deixa um pouco desconfortável"/ "expressar surpresa"/ "ganhar tempo para organizar seu pensamento ou escolher uma palavra precisa"/ "sinalizar que você compreendeu o que foi dito"/ "demonstrar boa vontade para fornecer a informação pedida". Cheque as respostas. (5 MINUTOS)

Capítulo 1: Filmes e séries

6 | Praticando pronúncia

Preciso de um voluntário para ler o papel da Bella. Eu vou ser o Jake. Nós vamos ler o diálogo procurando dar a entonação correta para as palavras sublinhadas. Quando terminarmos, vocês vão fazer o mesmo com um colega que estiver ao seu lado. Ao terminarem, invertam os papéis.

Instruções para o professor: quando terminar o diálogo com o aluno que se voluntariou, faça com que esse aluno repita o procedimento com um colega e circule pela sala ajudando os alunos que têm dificuldade. (5 A 10 MINUTOS)

7 | Pesquisando

Para casa —Em casa, pesquisem uma lenda a respeito da qual vocês gostariam de falar com o colega ao lado. Imaginem que vocês são como um dos seres sobrenaturais da lenda e têm que responder às perguntas curiosas de seus colegas sem os assustar. Como as palavras sublinhadas do diálogo entre *Jake* e *Bella* podem ajudar? Preparem algumas perguntas para seus colegas o entrevistarem, e respostas a essas perguntas que incluam essas palavras sublinhadas, para a próxima aula.

Instruções para o professor: as palavras sublinhadas vão ajudá-los a cumprir as funções que você colocou no quadro. Circule pela sala ajudando os alunos que estão com dificuldade. A partir dessa aula, todas as vezes que pedir que eles se expressem oralmente em inglês, pode lembrá-los de usá-las.

Trabalhando interdisciplinarmente

ACOMPANHAMENTOS

No modelo 1, podemos trabalhar com o professor de Biologia ou de Ciências para discutir a questão da criação do universo, propondo o desenvolvimento de um projeto no qual os alunos devem apresentar – por meio de um trabalho escrito, de apresentações (MS-Powerpoint ou outros) ou pôsteres – as duas teorias da criação do mundo (o Big Bang/evolução das espécies e a criação divina). Outra alternativa seria promover um debate entre dois grupos: um evolucionista e outro criacionista, ajudando os alunos a construírem suas linhas de argumentação.

No modelo 2, a proposta seria trabalhar com os professores de Português, História e Geografia, explorando a origem das lendas de acordo com determinados períodos históricos, procurando explicar onde e por que elas surgiram e qual sua relação com o período econômico, clima etc. com o local apontado. Neste caso, grupos diferentes de alunos escolhem lendas diferentes, também apresentando os resultados de sua pesquisa por meio de trabalhos escritos, apresentações (MS-Powerpoint ou outros) ou em pôsteres para a sala.

PARA SABER MAIS

BRADDOCK, B. *Using films in the English class*. Hemel Hempstead: Phoenix ELT, 1996.
HASSELGREN, A. *Learner Corpora and language testing*: smallwords as markers of learner fluency. In: GRANGER, S.; HUNG, J.; PETCH-TYSON, S. (Eds.). *Computer learner corpora, second language acquisition and foreign language teaching*. Amsterdã: John Benjamins Publishing Co., 2002, pp.143-173
KING, J. Using DVD feature films in the EFL classroom. *The Weekly Column*, art. 88, feb. 2002. Disponível em: http://www.eltnewsletter.com/back/February2002/art882002.htm. Acesso em 07 abr. 2008.

Denise Delegá-Lúcio

As metáforas

A metáfora[7] é um recurso linguístico constitutivo e muito relevante na comunicação humana (Berber Sardinha, 2007). Mais que isso, ela faz parte da linguagem cotidiana, e, por isso, está presente nas mais diversas situações de comunicação. No entanto, a metáfora é constantemente ignorada no ensino de segunda língua: parece haver mais preocupação com o ensino correto da gramática, por exemplo, do que com os recursos ligados ao sentido e uso da língua.

O desenvolvimento de um trabalho de ensino/aprendizagem de metáfora apresenta, segundo Berber Sardinha (2007, p.16), inúmeras vantagens: "(1) permite entender melhor como conceitualizamos o mundo, as pessoas, os sentimentos, os conceitos mais profundos e duradouros da humanidade sócio-historicamente; (2) contribui para enxergarmos criticamente como grupos sociais e ideologias enquadram o mundo e que tipos de mensagens querem passar; (3) auxilia na detecção de estilo de escritores, políticos e outros profissionais; e (4) dá-nos conta de que tudo isso é feito pela linguagem".

Ensinar metáforas presentes em filmes e séries propicia ao aluno um modo divertido, acessível e ao mesmo tempo facilitador da aprendizagem, uma vez que pelo interesse em um filme ou uma série favorita o aluno torna-se mais predisposto a querer entender o assunto tratado. Além disso, a linguagem de filmes e séries se aproxima bastante da linguagem autêntica e permite entender, por meio do exame de padrões, que tipo de significado é delineado por uma determinada metáfora e a que ela está relacionada. Como exemplo desses padrões, mostraremos nos modelos de atividades 1 e 2 propostos nesta seção padrões de verbos muito utilizados metaforicamente. Ao trabalharmos com metáforas, é fácil notar e entender aquelas que são declaradas e comumente conhecidas como tal. No entanto, é difícil percebermos as metáforas verbais porque nos acostumamos com seus significados e muitas vezes não notamos o quão difícil é para o aprendiz de uma segunda língua entendê-las. Para as atividades abaixo, escolhemos trabalhar com a série de TV *House* porque ela apresenta algumas discussões éticas que permitem o debate sobre temas atuais, mistura linguagem médica e cotidiana das personagens, contendo, por isso, um bom número de metáforas usuais.

Ingredientes

- Roteiros de filmes e/ou séries em formato .txt e textos sobre o tema (quando necessário)
- DVD do(s) filme(s) e/ou série(s) que pretende utilizar
- Um programa de análise linguística

---

[7] A noção de metáfora utilizada neste livro não é a visão tradicional (aristotélica), mas sim a de que é uma operação cognitiva, que permite conceitualizar um domínio abstrato por outro concreto; sendo assim, alguns dos exemplos apresentados poderiam ser classificados como prosopopeias na visão tradicional, porém foram aqui consideradas metáforas.

Modo de Fazer

1. Baixe todos os programas que precisará utilizar seguindo as instruções dos *sites*.
2. De um *site* que fornece roteiros de filmes e séries, copie e salve em formato .txt o texto do filme que pretende utilizar (aqui trabalhamos com as duas primeiras temporadas da série *House*. Crie uma pasta com o nome da série, filme ou tema e coloque todos os textos lá.
3. A seguir, use um concordanciador (*Concordance*) para obter uma lista de palavras (*Wordlist*) e, a partir das mais frequentes, selecione as palavras (em nosso caso, verbos) que acredita terem maior possibilidade de serem metáforas (no início, deixar de lado os pronomes, nome próprios, artigos e preposições). Analise as palavras de conteúdo, como verbos e substantivos, que costumam ter maior uso metafórico. Obtenha no programa concordâncias das palavras selecionadas. DICA: note que é o padrão no qual está sendo usado que confere à palavra a característica de metáfora e não a palavra sozinha.
4. Para ficar mais fácil de analisar os padrões que formam a metáfora, use o *sort* do programa (quando disponível) para organizar as sentenças alfabeticamente: uma palavra à direita e uma à esquerda. Estude os padrões apresentados e selecione os usos que são metafóricos.
5. Para o Modelo 2, no qual o professor precisa descobrir qual filme é mais adequado ao que ele quer ensinar, também é necessário utilizar uma ferramenta que mostra em quais textos (roteiros dos filmes) há maior ocorrência de exemplos de um determinado item (no *AntConc*, a ferramenta que utilizamos se chama Concordance Plot).
6. Depois de selecionar e escolher as palavras, utilize-as como palavra de busca e veja no Concordance Plot quais partes dos filmes ou séries têm maior ocorrência do item que você quer trabalhar. Ao observar os resultados, que parecem um código de barras, clique nas partes mais escuras ou com mais linhas e você verá a parte do roteiro com os conteúdos buscados.

Rendimento

Aproximadamente 3 aulas (de 45 a 60 minutos cada).

DICA: quando escolher um filme ou série, preste atenção aos conteúdos de imagem e linguístico para saber se estão adequados à faixa etária dos seus alunos.

A partir da informação obtida nessas análises, selecionamos os conteúdos a serem ensinados, as partes da série e elaboramos as atividades demonstradas abaixo.

O objetivo das atividades a seguir é fazer com que os alunos de inglês possam entender e usar metáforas de modo natural e dentro de um contexto, por meio da linguagem presente em filmes e séries.

MODELO DE ATIVIDADE 1

VOCÊ TEM O TEMA, MAS NÃO SABE QUAL CONTEÚDO ENSINAR

Para esta atividade, tomamos como tema a "ética" (e como conteúdo gramatical a metáfora, porque é o que pretendemos ensinar neste modelo), e, para trabalhar com o tema, selecionamos um texto em português associado ao conteúdo, para dar início às atividades; selecionamos os roteiros das duas primeiras temporadas da série de TV *House* e os salvamos em um arquivo destinado à atividade. A partir dos roteiros também escolhemos os verbos que iríamos analisar de acordo com a frequência de ocorrência nos roteiros e a possibilidade de uso metafórico. Para as atividades deste modelo selecionamos os verbos *see* e *take*.

PRIMEIRA AULA

1 | Aquecendo

Vamos dar uma olhada no texto abaixo. Vocês sabem o que são as expressões sublinhadas? Para que elas servem?

> Não há empresa, no cenário contemporâneo, com pretensões de aumento de sua competitividade, que escolha tratar a ética não como aliada, mas como adversária. Certamente não há uma causa única e explicativa deste movimento em torno da ética, mas é provável que a concorrência entre empresas, aliada às crescentes exigências de clientes cada vez menos tolerantes com abusos, estejam forçando as empresas a levar em conta este tema. Diante de clientes exigentes, as empresas pensam bastante antes de oferecer bens ou serviços que maculem negativamente suas imagens. Ao perceberem que não podem ser abusivas em relação aos clientes, as empresas estão introduzindo a ética em suas práticas.
>
> (Ética Empresarial, extraído de: http://www.fae.edu/publicacoes/pdf/cap_humano/5.pdf . Texto de Osmar Ponchirolli, José Edmilson de Souza Lima, acesso em: 22/10/2011)

Instruções para o professor: converse com os alunos a respeito do sentido literal e o figurado (metafórico) das expressões sublinhadas no texto acima. O verbo "tratar", sozinho, está normalmente relacionado a cuidados médicos. No texto, associado às palavras "a ética", significa o modo como algo, a ética, deve ser usada. O verbo "levar", individualmente, está associado a transportar alguém ou alguma coisa. No texto, associado às palavras "em conta", significa "considerar algo". Normalmente não notamos essas diferenças porque estamos acostumados com elas e compreendemos seu significado de acordo com o contexto. A esse uso diferenciado atribuímos o nome de metáfora, que, segundo Lakoff & Johnson (1980), é um modo de compreender e experienciar uma coisa em termos de outra. (10 MINUTOS)

2 | Discutindo

O que é uma metáfora? Por que é importante saber usar e interpretar a metáfora? E em outra língua, como o inglês? Vocês acreditam que é possível entender o que outra pessoa diz sem compreender as metáforas?

Instruções para o professor: o mesmo fenômeno acontece em inglês; porém, como muitas vezes conhecemos somente o significado isolado do verbo (*to take* – levar; *to treat* – tratar), nem sempre conseguimos entender o que está sendo dito, lido ou escrito. (10 MINUTOS)

3 | Explorando

Vamos ver como estas expressões metafóricas aparecem no inglês?

Exemplos:

> a) **House:** Okay. And we'll gradually introduce allergens and <u>see how</u> she responds. When she reacts to something we'll know that's what's killing her. (episódio 5, 1ª temporada)
>
> b) **Wilson:** Yeah, and that girl dropped the charges against Kobe. Doesn't mean that he should call her and <u>see if</u> she's free to get a sundae. (episódio 9, 1ª temporada)
>
> c) **Foreman:** I say we evacuate the cavity, <u>see if</u> he wakes up. (episódio 15, 1ª temporada)
>
> d) **Foreman:** Chase, <u>take a look</u> at this. (episódio 4, 1ª temporada)
>
> e) **Cuddy:** Spinal cord seems intact. <u>Take a</u> deep <u>breath</u>. (episódio 3, 2ª temporada)
>
> f) **Mr. Hernandez:** We have six kids. She can't afford to <u>take a chance</u>. (episódio 16, 1ª temporada)
>
> g) **Foreman:** All right, hold on Victoria. <u>Take it easy</u>, everything's fine. Take it easy, everything's fine, Victoria. (episódio 10, 1ª temporada)
>
> h) **Wilson:** Yeah. So <u>I take it</u> you were in there informing her? (episódio 2, 1ª temporada)

Instruções para o professor: explique que vamos ver como a metáfora aparece em séries de TV, num uso cotidiano. Coloque no quadro ou entregue cópias das sentenças acima aos alunos. Peça que observem as sentenças (extraídas das falas da série *House*) e que observem os usos dos verbos *take* e *see*. Explique que os significados comuns desses verbos são "pegar", "levar" e "ver". No entanto, estes não parecem ser seus significados nas sentenças apresentadas. Instrua os alunos a tentar entender as sentenças e, se for possível, a usar um dicionário (ou se houver um laboratório de informática, podem utilizar ferramentas de busca e tradução). Deixe claro, no entanto, que precisam interpretar, pois estas sentenças não têm tradução literal. Além disso, o significado do verbo se dá em função das demais palavras que o acompanham e que também estão grifadas. Forme grupos de discussão e peça que anotem suas conclusões. (30 MINUTOS)

4 | Pesquisando

Para casa — Em casa, vamos pesquisar na Internet ou em programas de nossa preferência como as metáforas que aprendemos aparecem.

Instruções para o professor: peça aos alunos que pesquisem um pouco mais individualmente (na Internet, em programas de TV, em livros e revistas, ou em dicionários) e completem suas anotações para a aula seguinte.

SEGUNDA AULA

5 | Aprofundando

Vamos retomar nossa discussão e descobrir que significados as metáforas impõem ao nosso texto?

Instruções para o professor: reúna os grupos novamente e peça que digam a que conclusões chegaram. A partir das respostas dadas vá explicando os significados, sempre destacando a importância das palavras ao redor do verbo, do padrão formado por elas e do contexto. Nas sentenças **a**, **b** e **c** podemos observar que o verbo *see* está sendo usado no lugar de *check*, ou seja, quando podemos ver algo podemos averiguar, atestar ou checar o que acontece. Na sentença **d**, temos o verbo *take*; aqui, a metáfora é a de que ao "levar" seu olhar em uma direção você "enxerga", daí a ideia de *see*. Examinando a sentença **e**, podemos notar que *take* é usado no lugar de "respirar", to *breath* ou to *inhale air*. Já na sentença **f**, *take* é usado como to *risk*. Olhando para o uso de *take* na sentença **g** podemos dizer que significa to *become calm*, pois ao "levar" (carregar) algo do jeito mais fácil, seu transporte ou remoção (uma resolução, no exemplo) exige menos esforço físico; em nossa metáfora teríamos um menor esforço psicológico (menos estresse, por exemplo). No exemplo **h**, temos o uso de *take* como to *understand*, ou seja, tomar é "entender". (15 A 20 MINUTOS)

6 | Praticando

Vamos aprender mais um pouco, observando outros exemplos e classificando-os de acordo com seu padrão e significado?

Coluna A

1. **House:** Technically, if I'm wrong, he'll end up dead. But I take your point. What's his night job? (episódio 3, 2ª temporada) (b)
2. **House:** That'd be my bet. Go to his apartment. See if you can find his folks. Address, number, something. (episódio 20, 1ª temporada) (a)
3. **House:** You didn't think I was going to do it to save your sorry ass, did you? You might want to take a look at that. Her name is Victoria Matson, at least that's the one she used then. Any hospital with the record of treating her should be sending that information. (episódio 10, 1ª temporada) (f)
4. **House:** Take a deep breath. Been under a lot of stress lately? (episódio 7, 1ª temporada) (e)
5. **House:** Why, because you want it to be? Let's see how well that works with your other patient. (episódio 1, 2ª temporada) (a)
6. **Alfredo [very upset]:** I can't move my arm. I can't move my arm!
   Chase: Take it easy, take it easy. (episódio, 2ª temporada) (c)
7. **Mr. Hernandez:** We have six kids. She can't afford to take a chance. (episódio 16, 1ª temporada) (d)
8. **Orange Guy:** I was playing golf and my cleat got stuck. I mean, it hurt a little but I kept playing. The next morning I could barely stand up. Well, you're smiling so I take it that means this isn't serious. (episódio 1, 1ª temporada) (b)

Coluna B

a) To check
b) To understand
c) To become calm
d) To risk
e) To inhale air
f) To see

Instruções para o professor: escreva no quadro ou em um *flipchart* as sentenças acima – ou faça cópias delas – e peça que os alunos tentem numerar as colunas. DICA: a correção pode ser feita do mesmo modo que na atividade 5. (15 MINUTOS)

7 | Explicando

Vamos ver se realmente entendemos os significados das metáforas verbais? Leiam as afirmações a seguir e completem as sentenças. Justifiquem suas respostas.

- » Se você quer que alguém se acalme deve dizer: take it easy
- » Se você diz para alguém checar alguma coisa diz: see if you; see how
- » Se você diz para alguém se arriscar a fazer algo: take a chance
- » Se você diz que entende alguma coisa: I take (it) + you; she (pronome pessoal)
- » Se alguém lhe pede que olhe alguma coisa: take a look

Instruções para o professor: peça aos alunos que trabalhem em duplas nesta atividade para que possam discutir e justificar as respostas. O professor pode passar as afirmações no quadro ou entregar cópias para os alunos. Corrigir perguntando e discutindo as opiniões dadas. Embora haja somente uma resposta correta, as justificativas podem variar. As respostas estão sublinhadas.
(15 MINUTOS)

8 | Refletindo

Para casa – Vamos ler o texto novamente e anotar o assunto principal.

Instruções para o professor: peça aos alunos que leiam novamente o texto em português utilizado na atividade 1. Após relerem o texto, eles devem anotar qual o assunto principal.

TERCEIRA AULA

9 | Levantando conhecimento prévio

Pessoal, vamos rever algumas das coisas que aprendemos nas duas últimas aulas? De um lado, vamos discutir o que acontece em um episódio da série *House*, e, de outro, as metáforas que estudamos. Vocês releram o texto da atividade 1? Qual o assunto principal do texto?

Instruções para o professor: converse com os alunos sobre o texto para levantar o tema "ética". No texto, a ética é abordada do ponto de vista empresarial. No vídeo que os alunos vão assistir é a ética médica, portanto peça aos alunos que assistam ao episódio pensando em como a ética aparece. (10 MINUTOS)

10 | Explorando

Vamos assistir a um episódio de *House* para vermos como a questão ética surge e por quê?

Instruções para o professor: exiba o episódio desde 00:03:44 até 00:18:00 do episódio 10, 'Históricos de pacientes", da primeira temporada de *House* (pode ser com legendas em português, dependendo do conhecimento dos alunos). Após assistirem ao trecho, discuta a relação entre o texto e as cenas do episódio assistido. Do que trata o episódio? Depois faça observações sobre a ética nos negócios, a ética na saúde. (30 MINUTOS)

11 | Aprofundando

Vamos ver como as metáforas que aprendemos estão sendo usadas no texto? Será que elas influenciam o modo como entendemos ao que assistimos? Que significados (aliados às imagens) elas trazem?

> **DICA:** Para esta aula podemos utilizar o DVD da série. Se isso for possível, é aconselhável realizar a aula na sala onde o aparelho estiver disponível. Caso não haja DVD disponível, você pode escolher algumas partes do roteiro e ler com os alunos para discutir o tema "ética".

Foreman: The blood sugar was real. But she's probably diabetic. OD'd on her own insulin. I need 2032. Do you have her effects out here? Look, a seizure buys her a place to sleep while the nice doctors run their tests, maybe a few free meals. 20 bucks says there's insulin in here. Oh... put this back, please.

Wilson: What about the twitch?

Foreman: Her arm moved.

Wilson: Why fake a twitch? In case the seizure was too subtle? A twitch could indicate a tumor, which could indicate

Foreman: a need to see a neurologist, which is why you called me. Keep an eye on her until 2:00 PM, watch her blood sugar, give her a nice hot lunch, and discharge her.

Wilson: He's wrong.

House: Foreman is wrong? The neurologist is wrong, about a neurological problem?

Wilson: He <u>took one look at</u> her and figured it was a scam.

House: So, you figured he's not being objective.

Wilson: House, the woman had a twitch. She had a seizure.

House: Both of which Foreman saw?

Wilson: He just wanted her out the door!

House: Whoah, whoah, whoah, back up there, big fella. Foreman's the guy you want to take a swing at.

Wilson: I - just - want her to get some medical attention.

House: That's not even close to being true. Something else. Something personal. Give me the file. Looks like this will be fun.

Cameron: The twitch could be a mini-seizure, unrelated to the diabetes.

Chase: Brain tumor?

House: Glad you could join us, Eric. What's the differential for a twitch in the wrist?

Foreman: The patient's a thirty-ish Jane Doe. I thought I'd just discharged her.

Wilson: Well, she's my patient. No harm in a second opinion.

Chase: A blow to the head? A subdural hematoma?

Foreman: Read the file, no evidence of cranial trauma.

Cameron: A twitch could indicate a brain tumor.

Foreman: Or about a dozen other things. Come on, there's two things homeless people are good at – getting sick, and running scams.

Instruções para o professor: dê aos alunos as falas do roteiro acima e peça que eles observem o vídeo e o roteiro e sublinhem as metáforas aprendidas. Exiba novamente o episódio desde 00:04:58 até 00:07:05. Depois retome o tema "ética" e aprofunde a discussão, considerando as metáforas. (15 a 20 minutos)

MODELO DE ATIVIDADE 2

VOCÊ TEM O CONTEÚDO E O TEMA, MAS NÃO SABE QUAL VÍDEO USAR E COMO USÁ-LO

Para ilustrar esta atividade, digamos que você precisa ensinar seus alunos a diferenciarem os vários usos do verbo *to have*. Os alunos já aprenderam a usar o verbo no presente e no presente perfeito, porém sempre com seu significado literal; falta ensinar-lhes seu uso metafórico, o que também irá possibilitar a revisão desses conteúdos (os tempos verbais). Para ilustrar, manteremos o tema "ética".

DICA 1: dentre os episódios com maior ocorrência do verbo *to have*, fizemos uma breve leitura dos roteiros e escolhemos o episódio 8, da segunda temporada, que trata de um erro médico, pois tem uma relação mais estreita com o tema. Usamos o Concordance Plot, do *AntConc*, para encontrar em quais episódios havia mais ocorrências do verbo *to have* (modo de fazer, itens 5 e 6). A partir daí separamos os conteúdos, ou seja, diferentes usos metafóricos do *to have* e também algumas partes do roteiro que continham as metáforas. Separamos as metáforas observando as concordâncias obtidas a partir do uso de *have* como palavra de busca. Eliminamos seus usos como verbo auxiliar e analisamos os padrões mais frequentes.

DICA 2: em ambas as aulas utilizamos o DVD da série e é aconselhável realizar as aulas na sala onde o aparelho estiver disponível. Caso não haja DVD disponível, o professor pode escolher algumas partes do roteiro e ler com os alunos.

PRIMEIRA AULA

1 | Aquecendo

Vamos assistir agora à parte de um episódio da série *House*. Será que conseguimos descobrir do que trata o episódio? Quem são as pessoas conversando? Por que estão conversando? O que parecem estar descrevendo?

Instruções para o professor: exiba o episódio para os alunos desde 00:10:49 a 00:13:19, sem áudio algum. Peça aos alunos que se concentrem nas imagens para descobrir quem são as pessoas conversando, quais, possivelmente, são suas profissões e qual parece ser o assunto discutido entre elas. (15 MINUTOS)

2 | Discutindo

Vamos ver se nossas ideias (hipóteses) se aproximaram do que acontece no episódio? Qual será o tema do episódio?

Instruções para o professor: exiba a mesma parte do episódio novamente, mas desta vez com áudio e legendas em português, dependendo do conhecimento dos alunos. Verifique as hipóteses levantadas pelos alunos e aproveite para introduzir o tema "ética". Converse com os alunos sobre as questões éticas de um erro médico ou de um diagnóstico errado. O médico cometeu um erro ou faltou com a ética profissional de alguma forma? Quais foram as consequências? (15 A 20 MINUTOS)

3 | Explorando

O episódio a que assistimos traz algumas metáforas. Quem sabe o que são metáforas? Vamos dar uma olhada no roteiro para ver?

Exemplos:

> **Cuddy:** Dr. Riley doesn't <u>have a history of</u> lying to me. (episódio 21, 1ª temporada)
>
> **Stacy:** Does your <u>dad have anything to do with</u> this story? (episódio 8, 2ª temporada)
>
> **Stacy:** Then why did you call her an hour after she left the clinic? Nurse Previn said you asked her <u>to have Kayla come back</u> in. (episódio 8, 2ª temporada)

Instruções para o professor: escreva no quadro ou distribua aos alunos cópias de algumas partes do roteiro e peça que observem as palavras sublinhadas. Explique que o verbo *to have* costuma significar "ter" (possuir), porém tem muitos usos. Converse com os alunos sobre os usos nos exemplos acima, anotando suas ideias acerca da metáfora. Possíveis explicações: o padrão *to have a history of* indica que há uma repetição de um determinado comportamento; sendo assim, o verbo *have* não significa simplesmente ter, possuir, mas sim "fazer parte de", e a palavra *history* dá a indicação de ser algo ao longo da vida (historicamente) da pessoa, mostra a repetição. Em *to have somebody do something* a ideia é de pedir a alguém que faça algo, *to have* pode significar mandar/pedir. Na expressão *to have something to do with* a metáfora é a de que alguém está envolvido em alguma coisa. (15 MINUTOS).

4 | Pesquisando

Para casa – Pesquisem na Internet (ou em revistas em inglês) mais alguns exemplos dos usos que aprendemos de *have* e os tragam para a próxima aula.

SEGUNDA AULA

5 | Praticando

Vamos trabalhar com os exemplos que vocês trouxeram?

Instruções para o professor: anote no quadro alguns exemplos pesquisados pelos alunos e compare com os exemplos do episódio dado na primeira aula. O foco desta atividade é verificar se o aluno encontrou e entendeu outros exemplos, bem como se percebeu que o significado não se dá com o verbo isolado, mas sim com o padrão formado pelas colocações. (15 MINUTOS)

6 | Aprofundando

Vamos dar uma olhada no roteiro do episódio a que assistimos para ver quais usos do *have* encontramos?

> **Stacy:** Everything stems from that one interaction, they're going to slam you on it. Were you distracted, your problem. Overworked, that's their problem. Forgetful, yours, lazy--
>
> **Chase:** I just figured the stomach pain was the Bichette's. Any doctor would <u>have thought</u> the same.
>
> **Stacy:** Then why did you call her an hour after she left the clinic? Nurse Previn said you asked her <u>to have Kayla come back in</u>.

Chase:	The way she hesitated I thought she <u>might have had</u> a doorknob question. Patient comes in, says he's got a stiffly nose, you examine him for 10 minutes right? Then you're leaving, hand on the doorknob, and he says "oh yeah and my penis has turned green".
Stacy:	Embarrassing question, only important when patient saves it for last, so you knew she was about to ask the most important question… and you left.
Chase:	No. I didn't. I figured it out later.
Stacy:	What changed?
Chase:	Nothing.
Stacy:	Bad answer.
Chase:	I wasn't thinking clearly at first.
Stacy:	Worst answer. What was her doorknob question?
Chase:	I figured it might be blood in her stool, which could indicate a bleeding ulcer.
Chase:	Talk to me.
Paramedic:	35-year-old female vomiting massive amounts of blood. BP 80 over 20, heart rate 140.
Chase:	Push fluids?
Paramedic:	3 litres in the field, and we're boosting another one right now. It's gotta be a bleeding ulcer, doc. Co-worker says that she's been eating ibuprofens like candy.
Foreman:	I thought she had Bichette's.
Paramedic:	1, 2, 3.
Chase:	I'm in her stomach. There's too much blood, I can't see.
Foreman:	She burst an artery?
Chase:	No, there. Bubbling, just a bad ulcer. Cauterizing.
Foreman:	Can't see, use more saline.
Chase:	Hold on! Okay. Looks good.
Chase:	Bleeding ulcer. We got it. She was fine 2 hours ago.
Foreman:	Systolic BP's 70.
House:	Where's the ulcer?
Chase:	It's brown. I cauterized it. It must be something else. There.
Foreman:	Second ulcer?
House:	Not anymore. It perforated.
Chase:	Get her to an OR!
Chase:	The surgeons were able to suture the perforation. But the contents of the patient's … Kayla's stomach <u>had spilled</u> into her body. She got septic.
Stacy:	Then the infection lowers her blood pressure…
Chase:	50 over palp at one point. It damaged her liver and kidneys. Listen, I know this looks bad, I obviously got the diagnosis wrong but I did everything by the book. I couldn't <u>have known</u> what was going to happen.

Instruções para o professor: distribua cópias do texto acima e peça aos alunos que encontrem e marquem todas as ocorrências de *have*. Escreva no quadro, com a ajuda dos alunos, exemplos de cada uso (ter, presente perfeito e metáfora) e então mostre aos alunos como eles diferem. (20 MINUTOS)

7 | Discutindo e aprofundando

Qual dos usos de *have* aparece mais nesta parte do roteiro? Vamos assistir ao episódio novamente e tentar entender por que isso acontece? Qual dos usos é metafórico? Isso muda algo no texto?

Instruções para o professor: exiba o episódio novamente e procure deixar claro que a cena entre o médico e a advogada se passa no presente, mas o que ele conta acontece no passado, ou seja, há ênfase no processo e não no resultado, daí o "perfect tense" aparecer mais. A metáfora *have Kayla come back in* é importante porque explica que o médico pediu que a paciente voltasse após tê-la dispensado, o que mostra que o médico mudou de ideia. (15 MINUTOS)

Trabalhando interdisciplinarmente

ACOMPANHAMENTOS

Nos modelos 1 e 2 podemos trabalhar com os professores de Português, História e Sociologia. O professor de Português pode discutir o tema ética e os usos de metáfora em nossa língua aproveitando o texto da atividade 1. Os professores também podem discutir a metáfora na mídia, usando como base o texto de Vera Menezes, disponível em <http://wac.colostate.edu/siget/signos/menezes.pdf>. Para as aulas de Sociologia e História, o foco pode ser na interpretação da metáfora, como ela é historicamente constituída. Podemos aproveitar para falar como surgiu e qual a importância da ética, e se há metáforas especificamente usadas com referência à ética. Para complementar, os professores podem usar como base o artigo disponível em <http://www.periodicos.ufsc.br/index.php/cadernosdepesquisa/article/ view/1984-8951.2010v11n98p89/12834> (texto sobre Hollywood e imaginários do senso comum: por uma sociologia dos *blockbusters* – do Caderno de Pesquisas Interdisciplinares em Ciências Humanas) para incluir uma discussão sobre como algumas visões de mundo são disseminadas pelos filmes.

PARA SABER MAIS

BERBER SARDINHA. *Metáfora*. São Paulo: Editora Parábola, 2007.
KÖVECSES, Z. The effect of context on the use of metaphor in discourse. *Ibérica 17*, 2009, pp 11 a 24.
LAKOFF, G. & JOHNSON, M. *Metaphors we live by*. Chicago: University of Chicago Press, 1980.
LOW, G., & LITTLEMORE, J. The relationship between conceptual metaphors and classroom management language: reactions by native and non-native speakers of English. *Ibérica 17*, 2009, pp 25 a 44.

Os verbos

Maria Cecília Lopes

Esta seção apresenta atividades relacionadas ao aspecto pragmático de expressões verbais institucionalizadas que ilustram o uso de verbos do cotidiano na língua inglesa. Para tanto, compreende-se que as diversas formas de expressão de atividades realizadas por meio de ações/verbos são essenciais para a comunicação e elas podem ser ensinadas em conjunto com uma variedade de padrões encontrados na língua em uso.

Por vezes, as formas de expressão do "fazer" (verbos), bem como seus modos e tempos, são isolados dos demais elementos lexicogramaticais como se não fizessem parte do todo da língua ou, ainda, como se fossem elementos que precisassem ser aprendidos e ensinados de maneira isolada. Algumas das formas mais tradicionais de ensino de tempos verbais isolam a estrutura gramatical e impedem que os aprendizes observem aquilo que se coloca ao seu redor como frases ou expressões cotidianas indicativas do uso desses tempos. Se a ênfase for direcionada ao léxico em associação com a gramática, a aprendizagem efetiva pode ocorrer, com a vantagem de ensinar-se não apenas um aspecto formal da língua, mas toda uma gama de colocações comuns e úteis ao aprendiz.

Além disso, a língua em uso mostra que os verbos não indicam necessariamente apenas ações propriamente ditas, mas também desempenham funções retóricas de grande valia para o preenchimento de momentos de conversação. Por exemplo, o verbo *know* pode ser usado pelo falante como forma de solicitar ao ouvinte a aprovação daquilo que disse.

Partindo-se de nossa proposta inovadora que se apoia no uso da linguagem de filmes como recurso não apenas lúdico, mas, sim, efetivo para o ensino de língua inglesa, não devemos deixar de lado a utilidade das legendas em português. A inevitável comparação feita pelo aprendiz entre a língua estrangeira, nesse caso o inglês, e a língua materna, o português, pode ser transformada em atividades instigantes a partir das legendas de filmes. Além disso, as duas línguas apresentam peculiaridades em seus sistemas lexicogramaticais quanto ao uso de tempos verbais, cujas riquezas fornecem ao professor e ao aprendiz uma visão de como diferentes sociedades e culturas representam linguisticamente o fazer.

Ingredientes

- Roteiros de filmes e/ou séries sobre o tema escolhido em formato .txt
- Filme que pretende utilizar
- Um programa de análise linguística

Modo de Fazer

1. Baixe todos os programas que precisará utilizar seguindo as instruções dos *sites*.

2. A partir de um *site*[8] que fornece roteiros de filmes e séries, copie e salve em formato .txt o texto do filme que pretende utilizar. Aqui trabalhamos nas duas atividades (4 aulas) com vinte e um episódios da primeira temporada da série *Two and a Half Men*. Crie uma pasta com o nome da série ou tema e coloque todos os textos lá.

3. Utilize o programa[9] de análise linguística que irá auxiliá-lo a analisar os textos escolhidos (sugestões na página 130) para selecionar os conteúdos relevantes (os exemplos aqui mostrados são relacionados ao modelo de atividade 1, em que utilizamos o *AntConc*[10]).

  I. Em *Wordlist*, selecionamos quatro dos verbos mais frequentes: *have, know, go, get*.

  II. Para obter mais informações sobre essas palavras, utilizamos as ferramentas *Concordance* (concordância) e *Concordance Plot*.

  III. Para obter outras informações sobre estas palavras, utilizamos as ferramentas *Clusters* (agrupamentos) e *Concordance* (concordância).

  IV. Na *Concordance* trabalhamos primeiramente com *have*. Após verificarmos que tipos de agrupamentos de palavras se formavam, separamos os mais relevantes (devido a sua frequência ou por serem parte de uma expressão maior) para criar as atividades.

  V. Usando a ferramenta *Clusters*, escolhemos o seguinte agrupamento de duas palavras: *I have*. Com ele, é possível apresentar os padrões de uso do verbo *have* com funções distintas, como, por exemplo, aquela que expressa posse e outra que expressa necessidade.

  VI. A partir da informação obtida nessas análises, selecionamos os conteúdos a serem ensinados e elaboramos as atividades demonstradas.

  VII. Repetimos os procedimentos acima para o outro verbo do modelo de atividade 1, *know*.

  VIII. Para o modelo de atividade 2 seguimos os mesmos passos para os dois outros verbos, *go* e *get*. A partir do primeiro, selecionamos os seguintes agrupamentos: *go to* e *go out with*. Com o segundo, *get*, os agrupamentos selecionados foram: *get to* e *get out*.

  IX. Uma possibilidade complementar ao *Concordance* é o uso da ferramenta *Concordance Plot*, que poderá ser usada para descobrir em que trecho do roteiro localiza-se o maior número de ocorrências da palavra selecionada ou dos agrupamentos.

4. Use os vídeos selecionados acrescentando legendas, perguntas e/ou destaques, com um editor de vídeos (sugestões na página 130, "*Links úteis*"). Usamos esse recurso para, por exemplo, destacar as palavras da atividade e colocar a legenda em inglês lado a lado com a legenda em português.

---

[8] *Sites* indicados na seção "*Smallwords*": http://subscene.com/. Outros *sites* que trazem legendas, transcrições e roteiros de filmes são: http://www.script-o-rama.com/snazzy/dircut.html; http://67.118.51.201/bol/MovDsply.cfm; http://www.moviescriptplace.com/main/movie/829; http://legendas.tv/; http://www.imsdb.com/genre/Comedy

[9] Para mais detalhes sobre o uso dos programas *AntConc* ou *Compleat Lexical Tutor* (e suas respectivas ferramentas), consulte o *site* da editora pelo *link* www.macmillan.com.br/tecnologias.

[10] Instruções de como instalar e utilizar o *AntConc* estão disponíveis em: http://www.fflch.usp.br/dlm/comet/artigos/AntConc.pdf em 14/09/2011.

Rendimento

Aproximadamente 2 aulas (de 45 minutos a 1 hora cada) para cada modelo de atividade.

MODELO DE ATIVIDADE[11] 1

VOCÊ TEM O TEMA, MAS NÃO SABE QUAL CONTEÚDO ENSINAR

O tema das duas aulas que vamos sugerir a você são os verbos *have* e *know*. Para tanto, sugerimos o uso dos roteiros da primeira temporada da série *Two and a Half Men*, já que a ocorrência dos verbos em questão poderá ser ilustrada em pelo menos dois usos distintos, mas muito próximos: 1) posse e obrigação; 2) saber e (função de) manter a conversação.

PRIMEIRA AULA

1 | Aquecendo

Quais séries vocês assistem na TV? Quem conhece a série de TV *Two and a Half Men*[12]?

Instruções para o professor: nesta primeira etapa você descobrirá o conhecimento prévio dos alunos com relação a essa e outras séries de TV. Em seguida, leia as informações iniciais da série extraídas do *site*[13] The Internet Movie Database (IMDb), para confirmar ou apresentar alguns fatos. (15 MINUTOS)

> *Plot Summary*
>
> *The Harper brothers Charlie and Alan are almost opposites but form a great team. They have little in common except their dislike for their mundane, maternally cold and domineering mother, Evelyn. Alan, a compulsively neat chiropractor and control-freak, is thrown out by his manipulative wife Judith who nevertheless gets him to pay for everything and do most jobs in the house. Charlie is a freelance jingle composer and irresistible Casanova who lives in a luxurious beach-house and rarely gets up before noon. Charlie "temporarily" allows Alan and his son Jake, a food-obsessed, lazy school kid who shuttles between his parents, to move in with them after Alan's separation/divorce. The sitcom revolves around their conflicting lifestyles, raising Jake (who has the efficient, caring dad while having a ball with his fun-loving sugar uncle who teaches him boyish things), and bantering with Evelyn and various other friends and family... Written by KGF Vissers*
>
> **Premiere Date**
> 22 September 2003 (USA)

DICA: Para iniciar a atividade, sugerimos a apresentação de fatos simples sobre a série com a apresentação aos alunos de um texto com o enredo, atores e principais personagens da série. Além disso, fique atento ao texto dos roteiros para escolher conteúdos adequados à faixa etária dos alunos com os quais está trabalhando.

---

[11] As atividades propostas para estes modelos estão disponíveis no *site* da editora pelo link www.macmillan.com.br/tecnologias.

[12] Informações sobre a série podem ser obtidas nos *sites*: Buddy TV (www.buddytv.com), Wikipedia e IMDb (www.imdb.com). Acesso em 09/12/11.

[13] http://www.imdb.com/title/tt0369179/. Acesso em 09/12/11.

Creators
Chuck Lorre
Lee Aronsohn

Genre
Comedy

Cast
Charlie Sheen/ Ashton Kutcher
Angus T. Jones
Jon Cryer
Holland Taylor
Marin Hinckle
Melanie Lynksey

2 | Discutindo

Vamos assistir a um trecho da primeira temporada, o episódio 14 da série de TV *Two and a Half Men*. No episódio veremos que Charlie está com problemas financeiros e Alan, irmão de Charlie, decidiu ajudá-lo a controlar o dinheiro. Prestem atenção aos verbos sublinhados que aparecem nas legendas em inglês.

[...]
Charlie: And you were worried.
Alan: Well, the good news is a substantial amount of royalties is gonna come in in the next couple of months.
Charlie: Great, problem solved, let's go out to dinner.
Alan: No, problem not solved.
Charlie: But I'm hungry.
Alan: Get used to it. It's going to take a while to pay off all the bills your "accountant" ignored, so until then you're gonna have to cut back.
Charlie: But you said I got money coming.
Alan: Shall I go get the paper cup?
Charlie: Okay, what do we cut?
Alan: Well, let's look at your expenses. Uh, first thing is, we stop paying your accountant.
Charlie: That's a little cold, isn't it? He's a great guy, I've known him for years, he's just going through a rough patch.
Alan: Charlie, you're broke.
Charlie: You're right, screw him. What's next?
Alan: Um, you have a gardener. Why do you have a gardener?
Charlie: To tend my garden.
Alan: Garden? You mean the two potted palms on the deck? Water them yourself.
Charlie: Okay, but I'm gonna have to buy a hose and one of those watering things so isn't that kind of a push?
Alan: Gone. Now, Ultimate Premiere Satellite Package?
Charlie: That's really cool. I get every sporting event in the world. If a kid in Madagascar throws a rock at a tree, I can see it and bet on it.
Alan: It's gone.

Instruções para o professor: nesta etapa você pode apresentar o trecho acima do episódio 14 da primeira temporada de TV *Two and a Half Men* com a legenda em inglês. As palavras sublinhadas são os verbos *have* e *have to*. Após apresentar a cena aos alunos, abra uma discussão acerca daquilo que uma pessoa rica como Charlie "tem" em casa e o que ele "terá que fazer" para diminuir gastos. Por exemplo, ele tem um jardim e um jardineiro e ele terá que substituir o jardineiro por algo mais barato para manter o jardim. Destaque, então, as frases da cena em que os verbos ocorrem: *What does he have at home? What does he have to cut back?* (10 MINUTOS)

Alan: [...]so until then you're gonna **have to** cut back.
Alan: Um, you **have** a gardener. Why do you **have** a gardener?
Charlie: Okay, but I'm gonna **have to** buy a hose [...]

---

3 | Praticando

Agora vamos assistir novamente à cena e comparar o uso dos verbos *have/have* to em inglês com as formas que usamos em português.

Alan: [...]so until then you're gonna **have to** cut back.
Alan: [...] até lá você **terá que** economizar.
Alan: Um, you **have a** gardener. Why do you **have a** gardener?
Alan: Um, você **tem um** jardineiro. Por que você **tem um** jardineiro?

Charlie: Okay, but I'm gonna **have to** buy a hose [...]
Charlie: Certo, mas eu vou **ter que** comprar uma mangueira.

Instruções para o professor: aqui utilize um vídeo que tenha copiado e inserido uma legenda paralela (como explicado nas instruções para o *Movie Maker* em *Links* úteis, página 131), com destaque aos verbos em questão. Peça aos alunos para comparar os padrões nas duas línguas. (10 A 15 MINUTOS)

4 | Explorando

Agora vamos explorar os roteiros com outras pessoas/pronomes e ver o que acontece com *has* e *has to*.

Instruções para o professor: nessa fase, você pode levar os alunos a um laboratório de informática e pedir que eles explorem o corpus com os roteiros da série no programa *AntConc* ou outro de sua preferência. O objetivo é fazê-los explorar e avançar as discussões sobre os padrões de uso dos verbos. Você pode pedir que eles sigam os mesmos passos que você seguiu para criar as atividades para ver se há outros usos para o *have*, por exemplo. Caso não seja possível, imprima linhas de concordância e leve para a sala de aula. (15 A 20 MINUTOS)

SEGUNDA AULA

5 | Aquecendo

O que vocês sabem sobre a história da série *Two and a Half Men*?

Instruções para o professor: neste início você deve incentivar os alunos a lembrar-se da aula passada e daquilo que foi discutido sobre a história da série. Incentive a turma para que usem palavras em inglês que indiquem conhecimento. (5 A 10 MINUTOS)

6 | Observando

Vamos ver como o verbo *know* é usado com o mesmo significado no seguinte trecho do episódio 6 (primeira temporada) de *Two and a Half Men*.

> **Evelyn:** Here we are.
>
> **Tommy:** There's my little karaoke cupcake.
>
> **Evelyn:** Oh, Tommy, you are not telling that story. We took one of those little cruises to Alaska. Glaciers and whales, I didn't quite see the point of it all. But during the evening there was this karaoke competition and as you know (1), I'm no stranger to the stage.
>
> **Alan:** Yes, mom, I know (1).
>
> **Olivia:** Excuse me.
>
> **Evelyn:** Anyway, you know how I have always sung um... *These Boots Were Made For Walking* with my little dance routine.
>
> **Alan:** Yes, mom, I have it on my wedding video.
>
> **Olivia:** So, how have you been?
>
> **Charlie:** Oh, you know (2).
>
> **Olivia:** No, I don't know Charlie. When people don't return your calls, it's kinda hard to know (1) how they've been.
>
> **Charlie:** Okay, look, I know (1) this is an awkward coincidence.
>
> **Alan:** Oh, is she staying over? Because I may have parked behind her.
>
> **Alan:** Twelve years, and she just throws me out. I mean, what was the point of our wedding vows? You know (2), till death do us part. Who died? Not me. Not her.

Instruções para o professor: nesta etapa você pode apresentar o trecho acima com a legenda em inglês. Na legenda em inglês destaque o verbo *know* e mostre aos alunos as duas situações de uso em que o verbo tem o mesmo significado mas funções diferentes: 1) o verbo saber/conhecer; 2) como forma de pedir ciência ao interlocutor.

DICA: caso você não possa modificar o trecho do filme para destacar os verbos, pause as cenas nas quais eles aparecem e destaque-os para seus alunos. (10 MINUTOS)

7 | Explorando

Agora vamos ler o trecho que acabamos de assistir e ver qual a diferença entre o uso de *know* 1 e 2.

Instruções para o professor: nesta segunda fase da aula, entregue o roteiro ou projete-o no quadro. Caso os alunos traduzam as frases, peça que eles indiquem, mesmo em português, a diferença entre um e outro uso e como isso ocorre. Normalmente o pronome *I* acompanha *know* para indicar conhecimento, enquanto que com o pronome *You* o verbo pode indicar a função de pedir ao outro que confirme estar ciente de algo. Este último uso tem uma relação pragmática na língua inglesa de preenchimento da fala e é pouco enfatizada em livros didáticos. (10 A 15 MINUTOS)

8 | Praticando

Vamos usar o que aprendemos com: *A little gossip ... Did you know that Charlie Sheen left the series?*

Instruções para o professor: previamente, pesquise em revistas ou *sites* em inglês especializados em notícias e fofocas sobre a vida das estrelas de Hollywood. Traga para a aula informações curtas que poderão ser lidas em pequenos grupos sobre os problemas de bastidores entre atores, direção, canal de TV etc. Incentive os alunos a começarem a leitura com *Did you know that...* e a usarem *You know* para preencher a fala. Outro verbo que tem função semelhante a esta última é *mean*, como em *I mean, what was the point of our wedding vows?*, que pode ser seu próximo tema para verbos cujo uso pode ter função distinta mesmo com significados semelhantes. (15 A 20 MINUTOS)

MODELO DE ATIVIDADE 2

VOCÊ TEM O CONTEÚDO E O TEMA, MAS NÃO SABE QUAL MÍDIA USAR E COMO USÁ-LA

Aqui temos como conteúdo *go to*, *go out with*, *get to* e *get out*. Sabemos que verbos como esses acompanhados de preposições colocadas à direita podem causar confusão no uso e, consequentemente, no sentido. Por vezes, a diferença está na presença de um artigo ou na sua ausência (e.g. *go to* bed vs. *go to a* hospital). E, por mais que você explique aos alunos que a diferença está nos colocados (com ou sem determinados elementos), muitas vezes os alunos se confundem.

O sentido de *get out* pode variar de acordo com as palavras que se colocam à direita ou à esquerda. Isso fica claro ao estudarmos a língua em corpora. Portanto, aqui vão as atividades com a série *Two and a Half Men*, primeira temporada.

PRIMEIRA AULA

1 | Aquecendo

Vamos conversar um pouco sobre Charlie, Jake, Alan, Berta e Evelyn, da série *Two and a Half Men*. Quem conhece a série e suas personagens?

Instruções para o professor: na primeira fase desta aula, você pode apresentar as fotos das personagens, fixá-las no quadro e escrever aquilo que os alunos disserem sobre cada uma delas em volta das fotos. Uma espécie de *spidergram* para mostrar quem é quem na história. Caso os alunos não conheçam as personagens e a série, utilize textos de *sites* sobre filmes sugeridos no primeiro modelo para falar sobre a série a seus alunos. Como nas ocorrências para os verbos em questão surge uma das namoradas de Charlie, você poderá apresentá-la na próxima etapa da aula. (5 A 10 MINUTOS)

2 | Explorando

OK. Vamos então conhecer melhor Charlie, Kate, Berta, Prudence e Jake.

Instruções para o professor: apresente aos alunos as cinco personagens. Deixe-os especular quanto à relação entre Charlie, Kate, Jake, Prudence e Berta. Apresente as cenas (editadas e postadas no YouTube[14]) dos episódios 1, 5 e 8 da primeira temporada da série *Two and a Half Men* em que essas personagens interagem. Peça aos alunos que façam anotações acerca da interação

---

[14] Para editar vídeos, use um editor de vídeo de seu computador e siga as dicas de ajuda do próprio programa. Mais informações em *Links* úteis, na página 130..

entre elas. As legendas deverão ser preparadas em um editor de vídeo para que os seguintes agrupamentos estejam em destaque: *get to* e *get out with*. Se não for possível editar o vídeo, siga a dica dada no Modelo 1, atividade 2, página 40. (10 A 15 MINUTOS)

3 | Praticando

Vamos dar uma olhada em algumas palavras das cenas que vamos ver?

> 1) **Charlie:** I would really like to get to know you but it is not gonna happen on a play date. Why don't you ask me out sometime?
> **Charlie:** That's a really good...
>
> 2) **Alan:** How would I do that Charlie? And by the way, was that so hard?
> **Charlie:** Explain to him that Wendy was working an angle, making friends with him to get to me.
>
> 3) **Charlie:** Alan, Rose is using you to get to me.
> **Alan:** Do you hear the rampant egotism?
> "rampant" 11 points, "egotism" ten... coming out of your mouth?
>
> 4) **Charlie:** I'm just saying...
> **Alan:** Not everybody is trying to get to you, Charlie.
>
> 5) **Jake:** Hey, Prudence, I set up my Xbox, you ready to play?
> **Prudence:** Sure.
> **Berta:** Get to work, Prudence!
> **Prudence:** Maybe later, handsome. Stupid old woman.

Instruções para o professor: apresente as concordâncias (ferramenta *Concordance*) para os agrupamentos *get to* e *get out with* extraídas a partir dos roteiros. Explique "get to a person" com intuito de ganhar favores e "get to a place" chegar a algum lugar. Chame a atenção para as diferenças de sentido entre as linhas 1, 2, 3, 4 com relação à linha 5 para *get to*. Caso as linhas não apresentem contexto suficiente para o estudo dos padrões, vá ao *roteiro* completo e edite-as. (10 MINUTOS)

4 | Aplicando

Vamos usar o verbo que aprendemos? *Who would you like to get to?*

Instruções para o professor: em duplas, peça aos alunos para escolherem pessoas famosas e dar razões para querer chegar até elas. (5 MINUTOS)

5 | Aplicando e Aprofundando

Agora vamos fazer o mesmo com o verbo *get out*.

Instruções para o professor: repita nesta segunda fase da aula as instruções apresentadas anteriormente. Agora, porém, dê ênfase aos agrupamentos *get out*. (5 A 10 MINUTOS)

6 | Pesquisando

Para casa —Pesquisem e tragam informações sobre as seguintes personagens da série *Two and a Half Men*: Jake, Charlie, Alan, Kate, Berta, Evelyn e Rose.

> **DICA:** Uma possibilidade é apresentar, no final da aula, as concordâncias com *get to* e *get out* misturadas e pedir aos alunos que identifiquem o sentido de cada uma.

SEGUNDA AULA

7 | Retomando

Como foi a pesquisa sobre as personagens? O que vocês trouxeram? (5 A 10 MINUTOS)

8 | Praticando

Agora vamos ler as sentenças que estão na cópia que vocês receberam e completar com *get to* ou *get out*.

> **Charlie:** I'm serious. Get out of here or I will kick your ass.
> **Kate:** ... She was our babysitter. Will you get out of here,
> **Berta:** Get out of my way.
> **Jake:** I'm not sure. I like that I get to stay here on weekends.
> **Alan:** Uh-huh. Well, I'll just uh... let you get to work.

Instruções para o professor: aqui você pode verificar quanto os alunos absorveram dos padrões apresentados na aula anterior e poderá fazer ajustes e revisões se necessário. Distribua as concordâncias acima em uma folha para cada aluno, projete-as em uma tela ou escreva no quadro. (5 A 10 MINUTOS)

9 | Desenvolvendo

Vamos descobrir um pouco mais sobre Jake e Berta e comparar com a informação que vocês trouxeram?

Instruções para o professor: antes da aula, faça a sua pesquisa, por exemplo, no *The Internet Movie Database* (IMDb[15]), e traga um texto que apresente as personagens Jake, Charlie, Alan, Kate, Berta. Evelyn, Judith e Rose. Assim, caso os alunos não façam a pesquisa ou não encontrem informações, você terá pronto o "Plano B"! Dê atenção especial a Jake e Berta. No quadro ou em uma projeção, coloque fotos de Jake, Berta, Charlie e Alan e peça aos alunos que os caracterizem a partir das pesquisas e dos textos lidos antes e em aula, criando um *spidergram*. (5 MINUTOS) Por exemplo:

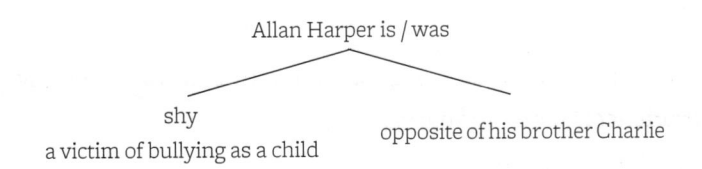

```
              Allan Harper is / was
             /                    \
          shy              opposite of his brother Charlie
   a victim of bullying as a child
```

---

[15] http://www.imdb.com/title/tt0369179/

10 | Aprofundando

Agora vamos criar *spidergrams* relacionando Alan, Charlie, Jake...

Instruções para o professor: instrua os alunos a criarem seus próprios *spidergrams*. O objetivo é que em pouco tempo eles percebam as relações, por vezes confusas, entre as principais personagens.

11 | Explorado

Vamos assistir a algumas outras cenas e ver o que mais encontramos?

Instruções para o professor: assim como nas aulas 1 e 2 da Atividade 1, você pode editar algumas cenas e postar no YouTube com as legendas em inglês salientando os seguintes agrupamentos: *go to* e *go out with*. (5 A 10 MINUTOS)

12 | Pesquisando

Vamos estudar algumas frases usadas nas cenas. Vocês sabem me dizer quais são as semelhanças e diferenças entre as sentenças? Quais palavras seguem *go to* aqui:

---

a) **Jake:** Forget it. I'll just go to my room.
b) **Evelyn:** Shall we go to my place for coffee and cigars?

E agora?

---

c) **Berta:** Oh, I don't know. Go to a fun party? See a great movie?
d) **Jake:** A hospital? I don't want to go to a hospital.

Os pronomes ou artigos foram usados aqui?

---

e) **Charlie:** See? Jake: Can I go to bed now?
f) **Charlie/Alan:** Go to bed. Go to bed. Go to bed.
g) **Jake:** I don't wanna go to camp.
h) **Jake:** But I don't wanna go to summer camp.
What if he wants to go to college or something?
i) **Alan:** Well, it's the silliest thing. I just happened to mention that in the unlikely event that Judith should die, and I should die that custody of Jake would go to...

E com *go out with*?

---

a) **Charlie:** Well, did you ever go out with somebody who's not only great in bed,
b) **Prudence:** I used to go out with a bass player.
c) **Charlie:** ... the problem isn't with who I go out with. The problem is with me.
d) **Kate:** That's funny. Everybody warned me not to go out with you.
e) **Charlie:** My brother, Alan, warned me not to go out with you tonight.

Trabalhando interdisciplinarmente

ACOMPANHAMENTOS

O modelo 1 poderá resultar no início de um projeto que envolva a escrita para a confecção de uma *Magazine* – *What you should know about the stars* – com as novidades sobre séries norte-americanas, notícias sobre os atores e personagens de que os alunos mais gostam.

Essa atividade envolveria as disciplinas de Artes (para editoração e montagem da revista) e Matemática (cálculo para delimitação de espaço, margens, tamanho de fotos etc.). Na disciplina de Sociologia pode-se discutir com os alunos como as celebridades influenciam a opinião pública, o comportamento e a moda desde tempos remotos até o momento para complementar as informações da *Magazine*.

No modelo 2, como a atividade envolveu relacionamentos e Alan diz ter sido vítima de *bullying* na infância, é possível abrir espaço para uma discussão de temas transversais acerca das relações entre pais, irmãos, filhos e colegas na infância e os problemas que o *bullying* pode causar em um adulto. Na disciplina de Língua Portuguesa podemos comparar os usos dos verbos propostos e que significados eles trazem para o português, com perguntas do tipo: falaríamos assim se a série acontecesse no Brasil? Nas disciplinas de História e Geografia poderia ser proposto um trabalho de pesquisa a respeito das mudanças nas relações e valores familiares ao longo do tempo e nos diferentes países.

PARA SABER MAIS ⊕

BERBER SARDINHA, T. (2005). *A língua portuguesa no computador*. São Paulo: Mercado das Letras, 2005.

capítulo 2

MÚSICA

Patrícia Bértoli-Dutra
Marcia Veirano Pinto

Há tempos professores de línguas vêm utilizando música em suas aulas como ferramenta de apoio para o ensino. Isso porque a melodia é considerada motivadora para os aprendizes, além de estimular o dinamismo das aulas, enquanto das letras têm sido extraídas atividades que podem objetivar a ampliação ou consolidação de vocabulário, ou, ainda, o desenvolvimento de capacidades auditivas.

No caso específico da língua estrangeira, a música, assim como os filmes, tornou-se uma grande aliada dos educadores porque põe o aprendiz em contato mais natural com a língua que está aprendendo.

Todavia, na prática da sala de aula, a música muitas vezes acaba sendo utilizada unicamente por aquelas qualidades que proporcionam desenvolvimento auditivo do aprendiz. Em outras palavras, com objetivos exclusivamente motivacionais, a música é tocada nos últimos ou primeiros minutos de aula e, via de regra, seguida de comentário do professor sobre seu sentido e/ou de exercícios de preencher espaços em branco (*fill in the gaps*) com palavras que estão faltando.

Este capítulo apresenta sugestões de atividades nas quais as letras das músicas são usadas como fonte de evidência da língua em uso, tanto para a confirmação como para a detecção de aspectos sonoros, gramaticais e temáticos. Ou seja, as letras das músicas são usadas como qualquer outro texto ou fonte de exemplos que normalmente integram materiais didáticos.

O capítulo está dividido em três partes. Na primeira apresentamos modelos de atividades levando em consideração o tema geral da música ou a utilização de uma letra de música para quando o professor já tem um tema para sua aula. A segunda seção apresenta dois modelos de atividade explorando aspectos sonoros da língua, utilizando a música para o ensino de *linking sounds*, combinações sonoras que podem ocorrer entre a última sílaba de uma palavra e a primeira de outra na língua inglesa. A última concentra-se em um aspecto gramatical específico da língua: as conjunções. Nela também apresentamos duas propostas de atividades que se aproveitam da similaridade do discurso musical com o coloquial para o ensino de especificidades da língua.

Vocabulário temático

Patrícia
Bértoli-Dutra

Nesta seção, apresentamos dois modelos de atividade para o uso de letras de música em inglês para o ensino de vocabulário temático.

Conhecer vocabulário e suas correspondências na língua materna de acordo com o contexto, já que muitas palavras têm diversas funções diferentes, é um dos grandes obstáculos dos aprendizes de língua inglesa. Sendo assim, diversos materiais e atividades têm sido produzidos no intuito de agrupar palavras que se relacionam com o mesmo assunto (tema), por exemplo: sob o tema "animais" encontram-se leão, zebra (animais selvagens), gato e cachorro (animais domésticos); sob o tema "matemática" encontram-se palavras como aritmética, álgebra, gráfico, multiplicar, dividir etc.

Os modelos de aulas apresentados a seguir tratam dos temas "calendário" e "medo". O primeiro tema surge da presença dos dias das semanas em canções. Já o segundo, parte da necessidade do professor de ensinar palavras com um tema específico e encontrar letras de música como recurso para mostrar o uso do vocabulário abordado.

Ingredientes

- Letras de música[1] que contenham léxico que integre o tema desejado[2]
- Dicionários

Modo de Fazer

1. Selecione mais de uma música cuja letra contenha o vocabulário-alvo de sua aula.
2. Selecione uma versão em áudio ou em vídeo que você possa passar diretamente do YouTube.
3. Salve as letras de música em seu computador e verifique se a letra está totalmente igual à versão em áudio ou em vídeo que vai usar, pois muitos *sites* contêm erros.

Rendimento

Aproximadamente 1 aula de 50 a 60 minutos – o tempo foi calculado considerando-se que ao menos uma música será tocada inteira.

O objetivo dessas atividades é promover a aprendizagem e o desenvolvimento de vocabulário em um contexto motivador e dentro de um tema.

---

[1] Para encontrar a letra de música que deseja, você pode 1) digitar a palavra de busca acompanhada da palavra *lyrics* no buscador da Internet de sua preferência. Atenção para a seleção, pois o buscador retorna diversas opções e você terá que escolher aquela que considerar mais apropriada manualmente. Ou 2) você pode ir diretamente a *sites* de letras de música conforme sugestões na seção "*Links* úteis".

[2] As letras de música podem ser retiradas de diversos *sites* da Internet. Consulte a seção "*Links* úteis", na página 130, e/ou o *site* da editora pelo *link* www.macmillan.com.br/tecnologias, para sugestões de *sites* de letras de música.

MODELO DE ATIVIDADE[3] 1

VOCÊ TEM A LETRA DA MÚSICA QUE CONTEMPLA O TEMA DE SUA AULA

O tema da aula é calendário. As atividades a seguir foram produzidas tendo em mente alunos das séries iniciais do Ensino Médio com conhecimento básico da língua inglesa, no intuito de contribuir para a internalização dos dias da semana e algumas palavras que aparecem frequentemente acompanhando-os (colocados). Para isso selecionamos como exemplo uma música do grupo americano Bon Jovi, intitulada *Someday I'll be Saturday night*. Selecionamos também uma tirinha do Garfield[4], do autor Jim Davis, como texto base.

1 | Aquecendo

Vamos ler uma tirinha do Garfield e responder às perguntas a seguir. Vocês conseguem descobrir o tema da aula de hoje?

a) O que vocês acham que Garfield está dizendo?

b) Qual é o problema dele?

c) Por quê?

> IT'S MONDAY. NOTHING GOOD EVER HAPPENS TO ME ON MONDAYS
>
> SO I'M GOING TO STAY IN THE MIDDLE OF THIS BIG FIELD ALL DAY, WHERE I CAN'T GET HURT
>
> SPOING!

Instruções para o professor: no primeiro momento, você pode apresentar a tirinha do Garfield e, após a leitura por parte dos alunos, fazer a sequência de perguntas sugerida acima de forma generalizada para todos os alunos e deixar que eles respondam livremente. Em seguida, convide os alunos a ouvirem a música. (5 A 10 MINUTOS)

2 | Discutindo

Agora vamos ouvir uma música. Vocês vão receber a letra para acompanhar.

---

[3] As atividades propostas para estes modelos estão disponíveis no *site* da editora pelo *link*: www.macmillan.com.br/tecnologias.

[4] Tirinha 1 retirada de <http://www.garfield.com/comics/vault.html?yr=1981&addr=810615>; tirinha 2 retirada de http://www.garfield.com/comics/vault.html?yr=1999&addr=990301 em 17/11/2011.

Someday I'll be Saturday night

Bon Jovi

Hey, man, I'm alive I'm taking each day and night at a time
I'm down but I know I'll get by
Hey, hey, hey, hey, man, I gonna live my life
like I ain't got nothing but this roll of the dice
I'm feeling like a Monday but someday I'll be Saturday night
Hey, my name is Jim
Where did I go wrong?
My life's a bargain basement
All the good shit's gone
I just can't hold a job
Where do I belong?
Been sleepin' in my car
My dreams moved on
My name is Billy Jean
My love is bought and sold
I'm only sixteen
I feel a hundred years old
My foster daddy went
Took my innocence away
The street life ain't much better
But at least I get paid
Tuesday just might go my way
It can't get worst than yesterday
Thursdays, Fridays, they ain't been no kind
But somehow I'll survive
Hey, man, I'm alive
I'm taking each day and night at a time
Yes, I'm down but I know I'll get by
Hey, hey, hey, hey, man, I gotta live my life
Like I ain't got nothing but this roll of the dice
I'm feeling like a Monday but
Someday I'll be Saturday night
Now I can't say my name or tell you where I am
I'm gonna blow myself away
I don't know if I can
I wish that I could be at some other time and place
with someone else's soul, someone else's face
Tuesday just might go my way
It can't get worst than yesterday
Thursdays, Fridays, they ain't been kind
But somehow I'll survive
Hey, man, I'm alive
I'm taking each day and night at a time
Yeah, I'm down but I know I'll get by
Hey, hey, hey, hey, man, I gotta live my life
Like I ain't got nothing but this roll of the dice
I'm feeling like a Monday but
Someday I'll be Saturday night
Someday I'll be Saturday night
I'll be back on my feet
I'll be doing alright
Mondays, they never go on my way
Tuesday is there to get thrown away
Wednesday is like some middle child
Thursday is there to drive you wild
But Fridays, oh yeah, for the black sheep just like me
Someday I'll be Saturday night
I'll be back on my feet
I'll be doing alright
It may not be tomorrow
Baby, that's ok
I ain't going down
I'm gonna find a way
Hey, man, I'm alive
I'm taking each day and night at a time
Yeah, I'm down but I know I'll get by
Hey, hey, hey, hey, man, I'm gonna live my life
Like I ain't got nothing but this roll of the dice
I'm feeling like a Monday but
Someday I'll be Saturday night
I'm feeling like a Monday but
Someday I'll be Saturday night

Instruções para o professor: você apresenta a música e a letra para os alunos — o que pode ser feito apenas em versão de áudio ou com um vídeo *streamed*[5] ou baixado do YouTube[6], dependendo dos recursos disponíveis. Observe que os alunos recebem a letra[7] completa e não têm que preencher nenhum espaço em branco, eles apenas devem tentar entender o significado geral da música. (10 MINUTOS)

3 | Discutindo e aprofundando

Vamos pensar um pouco mais sobre o que lemos e observamos na letra da música?

1. O que a música e o quadrinho têm em comum?
   → De modo geral, ambos fazem referência aos dias da semana e suas características.

2. Como é a vida das personagens da canção?
   → Aparentemente levam uma vida difícil e conturbada.
   I. Qual o problema de Jim?
      → Can't find a job.
   II. Qual o problema de Billy Jean?
      → Lives a street life.

3. Como o autor da canção se sente?[8]
   → Respostas podem variar.

4. Por que vocês acham que ele se sente como uma segunda-feira?
   → Respostas podem variar.

5. Então, qual é, de acordo com a música e as tirinhas, o pior dia da semana?
   → Segunda-feira.

6. E o melhor dia da semana?
   → Sábado.

7. Vocês concordam? Segunda-feira é o pior e sábado o melhor? Vocês percebem que o autor está "por baixo", sentindo-se horrível como uma segunda-feira, mas que ainda tem esperanças de se sentir como um sábado à noite?
   → Respostas podem variar.

8. Quais os outros dias da semana mencionados na música?
   → Tuesday, Wednesday, Thursday, Friday.

Instruções para o professor: quando os alunos tiverem ouvido e acompanhado a música, você deve fazer uma série de perguntas que levem à interpretação da letra da música de forma a associá-la às tirinhas. Acima apresentamos uma sequência de perguntas que podem ser feitas, bem como as respostas esperadas. (15 A 20 MINUTOS, 6:30 DOS QUAIS PARA OUVIR A MÚSICA)

4 | Explorando

Agora vamos prestar atenção a algumas especificidades da língua. Vocês notaram que os dias da semana sempre começam com letras maiúsculas? Qual a preposição que acompanha os dias da semana? Vamos procurar na música? Depois vou dar outros exemplos.

Instruções para o professor: estabelecidas as relações entre os dois textos apresentados, você pode chamar a atenção dos alunos para as características linguísticas, tais como o fato de os dias da semana sempre começarem com letras maiúsculas e normalmente serem precedidos pela preposição *on* quando se quer dizer "aos domingos", por exemplo. Para isso, você pode buscar

---

[5] Passado com a Internet ligada, sem ter que baixar no próprio computador.

[6] O vídeo está disponível em http://www.youtube.com/watch?v=qFNZXaBcXkA&ob=av2n. Acesso em 17/11/2011.

[7] Esta letra corresponde à versão do disco ao vivo *One Wild Night*, de 2001. Se você optar por uma versão diferente, como a gravação original do disco *Crossroads* de 1995, deve conferir e fazer os ajustes necessários à letra.

[8] Por estarmos considerando alunos iniciantes, você não deve esperar que eles captem necessariamente esses sentidos mais complexos da canção, mas pode ajudá-los a chegarem às conclusões.

outros exemplos de frases que contenham os dias da semana. Isso pode ser facilmente feito na Internet, basta digitar o dia da semana em seu buscador[9] e, em seguida, selecionar frases que contenham o que está procurando. Esse procedimento é recomendado em detrimento à criação de frases. Dessa forma, apresentam-se ao aprendiz exemplos autênticos da língua em uso. (5 MINUTOS)

5 | Pesquisando

Vamos estudar mais alguns exemplos e aprender a pesquisar a língua?

1) Below you will find the restaurants where *kids eat free* (or cheap!) <u>on</u> *Mondays*.
2) What reality shows come <u>on</u> *Monday* nights? Am I missing something?
3) Suppose you meet a friend who you know for sure has two children, and he says: "I have a son born <u>on</u> *Tuesday*".
4) <u>On</u> *Wednesday morning* in New York City, Amazon will unveil the Kindle Fire.
5) It wasn't until President Abraham Lincoln's 1863 Proclamation that Thanksgiving was regularly commemorated each year <u>on</u> *the last Thursday* of November.
6) There has been a lot of talk about how (apart from Alex Salmond of course) the biggest winner from <u>last</u> *Thursday's* election.
7) President Obama will travel to New York <u>on</u> *Thursday*.
8) *Friday* is the day between *Thursday* and *Saturday*.
9) The practice of abstaining from eating *meat* <u>on</u> *Fridays* has returned to the Catholic Church in England and Wales after an absence of 27 years.
10) The media partners behind Lady Gaga's exclusive performance at Sydney Town Hall have announced the event will be aired <u>next</u> *Friday*.

Perguntas:

1. Quais dias da semana estão nas frases?
   ↪ Monday to Saturday.

2. O que eles têm em comum quanto à forma como estão escritos?
   ↪ Com esta pergunta você leva os alunos a perceberem que todos são escritos com letras maiúsculas.

3. Quais palavras aparecem antes dos dias da semana?
   ↪ Os alunos devem concluir que os dias da semana são normalmente precedidos pela preposição *on* quando se quer dizer "aos, às, na, no".)

4. Nem todos os exemplos de dias da semana apresentam-se precedidos por *on*. O que há de diferente?
   ↪ Os alunos devem perceber que: a) no início de frases, quando se fala de maneira geral, não se coloca a preposição; b) quando acompanhados de expressões como *last* e *next* não são precedidos por *on*, a não ser que seja um dia da semana específico, como o exemplo 5: na última quinta-feira de novembro.)

Instruções para o professor: Você pode apresentar as frases aos alunos, conforme o exemplo[10] acima (1-10), acompanhadas das perguntas (1 a 4). (15 A 20 MINUTOS)

---

[9] Entre os buscadores mais populares encontram-se: <http://www.google.com>; <http://www.yahoo.com> e <http://www.bing.com>.

6 | Para casa

Após as descobertas feitas pelos alunos de modo orientado pelas suas perguntas, você pode solicitar os seguintes tipos de atividades:

a) que os alunos procurem outras frases na Internet ou em letras de música com exemplos contendo os dias das semanas (é possível também provocar associações com os outros elementos do calendário, como os meses e estações);

b) que façam uma pesquisa com pessoas que conhecem e transcrevam em inglês o que elas fazem em cada dia da semana (eles podem selecionar apenas aquilo que acharem diferente ou engraçado, escrever a frase em um papel grande e fazer um mural na aula seguinte).

MODELO DE ATIVIDADE 2

VOCÊ TEM O TEMA MAS NÃO SABE QUE MÚSICA OU MÚSICAS USAR

Vamos supor que o tema de sua aula seja "medo" e que seus alunos já tenham um conhecimento relativo da língua inglesa. Palavras que são usadas para representar a sensação de medo vão aparecer em sua aula, mas dificilmente você vai encontrar uma única letra de música que abranja todo o vocabulário desse tema. Assim, você pode usar trechos de diferentes letras de música para que os alunos internalizem esse vocabulário. Para encontrar essas músicas, basta digitar a palavra de busca acompanhada da palavra *lyrics* no buscador de sua preferência e escolher as letras que achar mais conveniente. Veja o modelo de atividade a seguir:

1 | Aquecendo

Vamos conversar sobre medo. Do que vocês têm medo? O que assusta vocês? Vocês gostam de filmes de terror? Vocês gostam de assustar os outros? Vocês gostam de ser assustados?

Instruções para o professor: inicie chamando a atenção dos alunos para o tema de sua aula com perguntas e um rápido bate-papo. Em seguida, sugira um *brainstorming*[11]. (5 MINUTOS)

---

[10] Todas as frases contidas no exemplo foram encontradas como resultado da busca por cada um dos dias da semana, no buscador Google em 03/10/2011, e pertencem respectivamente às seguintes paginas da *web*:
1) www.frugalliving.tv/free-stuff/kids-eat-free.html
2) http://answers.yahoo.com/question/index?qid=20080915213502AAkFR8I
3) blog.tanyakhovanova.com/?p=221
4) http://techcrunch.com/2011/09/26/amazon-kindle-fire/
5) http://www.archives.gov/legislative/features/thanksgiving/
6) http://markreckons.blogspot.com/2011/05/big-winner-from-last-thursday-is-george.html
7) http://articles.latimes.com/2011/may/02/news/la-pn-obama-ground-zero-visit-20110502
8) http://en.wikipedia.org/wiki/Friday
9) http://www.catholicnewsagency.com/news/no-meat-fridays-return-to-england-and-wales/
10) http://mumbrella.com.au/gaga-live-on-air-next-friday-52963

[11] Conhecida também como "tempestade de ideias". Os participantes vão dizendo diversas palavras sobre o assunto conforme lhes vão surgindo à mente e o professor (ou outro aluno) vai escrevendo no quadro. Recomenda-se que as palavras sejam escritas na língua que os alunos as colocaram. Todavia, em seguida, o professor deve sugerir a substituição por palavras equivalentes em inglês.

2 | Discutindo

Vamos fazer um *brainstorming* de palavras que se relacionem a medo? Digam tudo que vier à sua mente quando vocês pensam em medo[12].

Instruções para o professor: você pode anotar no quadro as palavras que os alunos forem dizendo. Se os alunos não colocarem todas as palavras que você deseja ensinar, você pode acrescentá-las. Assim que o quadro estiver com bastante ideias/palavras em inglês, você pode convidar os alunos a realizarem uma atividade de preencher os espaços em branco de trechos de diversas letras de música de acordo com a rima. (5 A 10 MINUTOS)

3 | Aprofundando

Vocês vão receber uma folha com versos de algumas músicas; algumas palavras foram retiradas, mas elas rimam com as outras que estão grifadas. Todas estão relacionadas com o tema "medo", que discutimos. Completem o exercício.

a) versos retirados da letra da música *In front of me*, do grupo Nickelback (1996).
Out in the yard is where I play,
Don't come in cause I'm _____ (afraid)

b) versos retirados da letra da música *Doll*, dos FooFighters (1997).
You know in all the times that we shared
I've never been so _____ (scared)

c) versos retirados da letra da música *Heal the world*, de Michael Jackson (1991).
Create a world with no _____ (fear)
Together we'll cry happy tears

d) versos retirados da letra da música *Back to zero*, da banda Rolling Stones (1986).
I think I'll head back to the jungle, alright
Don't want to see no big bad rumble, too _____ (fright)

e) versos retirados da letra da música *Hallowed be thy name*, da banda Iron Maiden (1982).
Can it be there's been some sort of an error
Hard to stop the surmounting _____ (terror)

f) versos retirados da letra da música *No Charge*, de Johnny Cash (1975).
For the nights filled with _____ (dread)
and the worries ahead
no charge

Instruções para o professor: após anotar no quadro todas as palavras sugeridas no brainstorming, você entregará as folhas de papel com os trechos previamente selecionados de diversas músicas e que contêm as palavras que quer enfocar em sua aula. Para achar essas músicas, basta digitá-las no buscador, uma a uma, acompanhada da palavra *lyrics*, e escolher a música que contempla sua necessidade[13]. (10 MINUTOS)

---

[12] Estamos sugerindo um *brainstorming* como ponto de partida, mas pode ser o próprio texto do livro didático, um texto escolhido por você ou um vídeo com cenas de medo.

[13] Os buscadores retornarão muitas opções. É necessário que seja feita uma seleção criteriosa para que a letra de música, de fato, contemple aquilo que você quer ensinar.

Dica: as palavras relacionadas no exemplo são apenas sugestões. Para uma aula inteira, talvez você queira acrescentar mais palavras. As letras das músicas foram retiradas de diversos *sites* de letras de música disponíveis na Internet[14].

Você deve também certificar-se de que os alunos tenham tido contato anteriormente com as palavras constantes no exercício, ou ao menos que elas tenham aparecido no quadro na seção de *brainstroming*.

Outro detalhe importante: as instruções deste exercício correspondem a uma aplicação com cópia impressa, mas a atividade também pode ser realizada no laboratório de informática; contudo, para esse tipo de interação os exercícios devem ser modificados.

Por fim, as respostas foram deixadas entre parênteses (sublinhadas), após o espaço em branco, mas devem ser retiradas antes de serem apresentadas aos alunos.

4 | Praticando

Agora é hora de verificar se entendemos o significado das palavras vistas. Vamos fazer esta atividade de relacionar palavras.

Relacione a palavra com seu significado[15] e tradução[16]:

1) afraid	(2) frightened, or worried	(3) medo; temor; receio
2) scared	(6) fear of something bad that might happen or that is going to happen	(4) medo; pavor; espanto
3) fear	(5) a strong feeling of fear	(6) medo; pavor
4) fright	(1) worried that something bad might happen; frightened, for example because you feel you are in danger	(5) terror; horror
5) terror	(4) a sudden strong feeling of being afraid	(2) assustado; amedrontado
6) dread	(3) the feeling that you have when you are frightened	(1) com medo; receoso

Instruções para o professor: certifique-se de que os alunos reconhecem o significado de cada uma das palavras presentes na atividade. Isso pode ser feito por meio de um exercício de relacionar a palavra a seu significado. Essas atividades estão com as respostas já assinaladas. Você deve retirá-las antes de apresentar aos alunos. (5 MINUTOS)

5 | Explorando

Vamos ver outras expressões relacionadas a medo? Vejam os excertos das músicas a) *Alice*, de Avril Lavigne (2010) e b)*Basketcase*, da banda Greenday (1994).

a) I'm freaking out, where am I now? Upside down and I can't stop it now Can't stop me now, oh oh	b) Sometimes I give myself the creeps Sometimes my mind plays tricks on me It all keeps adding up I think I'm cracking up! Am I just paranoid?

---

[14] Consulte a seção "*Links* úteis", na página 130, e/ou o *site* da editora pelo *link* www.macmillan.com.br/tecnologias, para sugestões de *sites* de letras de música.

[15] Significados retirados do dicionário *online* www.macmillandictionary.com.

[16] Traduções retiradas do dicionário *Collins Dicionário Escolar*.

» Por que os autores/personagens das duas músicas usam as expressões "freaking out", "give myself the creeps" e "I'm cracking up"?

» Do que eles estão com medo? Por quê?[17]

Instruções para o professor: até aqui, os alunos puderam aquecer suas mentes para se lembrarem de palavras que se relacionam com medo e ainda verificar seu uso autêntico em língua inglesa por sua presença em letras de música. O próximo passo é reconhecer padrões linguísticos formados com palavras que se relacionam a medo, ou seja, palavras que geralmente as acompanham, além de expressões sob o mesmo tema.

Vamos supor que você já tenha as expressões; então você precisa apenas procurar letras de música que contenham aquelas que deseja ensinar. Isso pode ser feito diretamente no buscador da Internet digitando-se a expressão entre aspas, acompanhada pela palavra *lyrics*. Por exemplo: "*freaking out lyrics*". Você pode mostrar os vídeos da música inteira acompanhados da letra com as expressões que ensinou em destaque ou pode fazer um contraste entre as duas músicas estimulado pelas perguntas anteriores. (10 A 15 MINUTOS)

6 | Explorando outros textos

Agora vamos fazer uma sequência de atividades. Vamos ver primeiro a palavra "medo" em outro contexto que não o das letras de música. Observem alguns exemplos. Que palavras acompanham a palavra *fear*?

> a) The alumni live in fear that he'll take a more prestigious job.
> b) What is your greatest fear at this point?
> c) For six months of 2009 I lived in a perpetual state of fear.
> d) But pain and fear have a way of influencing our attitudes toward the most innocent,
> e) He awakened sometimes with sudden fear, his breath coming fast.

Instruções para o professor: você pode destacar palavras que acompanham a palavra *fear*, que é o tema de sua aula. Você pode fazer uma busca rápida no corpus COCA[18] pela palavra *fear* e selecionar algumas expressões, tais como as do quadro acima. Apresente este quadro aos alunos. Você pode fazer isso entregando a eles numa folha impressa, na transparência, num *slide* ou colocando as frases na lousa. (5 MINUTOS)

7 | Explorando outras músicas

Agora vamos ver outras frases, retiradas de letras de música. Vou entregar uma folha com exercícios. Completem as frases com as palavras que estão faltando.

> a) "Now the sun has disappeared / all is darkness, anger, pain[19] and fear"
> b) "Another week away, my greatest[20] fear / I need the smell of summer, I need its noises in my ears"

---

[17] Aqui, você pode retomar o início da discussão associando "os medos" presentes nas letras das músicas aos medos apontados pelos alunos na atividade de *brainstroming*.

[18] Corpus of Contemporary American English. Consulte a seção "*Links* úteis", na página 130, e/ou o *site* da editora pelo *link* www.macmillan.com.br/tecnologias.

[19] Música *The Sun is burning*, gravada por Simon and Garfunkel, 1964.

[20] Música *I will play my game beneath the spin light*, de Brand New (2003).

c) "This sudden[21] fear has left me trembling"

d) "Maybe I am jaded or I'm mean or I am blind/ live[22] in fear or God is real there's nothing left to hide"

e) "Where were you born, in the state[23] of fear, How old are you, nineteen hundred and ninety four years"

Instruções para o professor: após apresentar os exemplos retirados do inglês geral, você pode apresentar os mesmos exemplos de colocações[24] quando presentes em letras de música[25] e pedir que os alunos preencham os espaços em branco com as palavras adequadas. As respostas estão sublinhadas. (5 MINUTOS)

8 | Pesquisando

Para casa – Pesquisem letras de música que falem sobre o medo e/ou que contenham palavras e expressões relacionadas ao tema como tarefa. Isso pode ser feito em grupos.

Instruções para o professor: após receber as letras de música trazidas pelos alunos, você deve, em casa, reunir as expressões destacadas pelos alunos e apresentá-las para todo o grupo no início de uma outra aula, a fim de intensificar o processo de reconhecimento e internalização de vocabulário.

Trabalhando interdisciplinarmente

ACOMPANHAMENTOS

No modelo 1 podemos trabalhar com o professor de História na construção de um calendário que acompanhe o conteúdo que o professor de Inglês está trabalhando. Além disso, também podemos trabalhar a origem dos nomes dos dias da semana em inglês juntamente com o professor de Geografia, que pode fazer a associação dos dias da semana com nomes de planetas.

No modelo 2 podemos trabalhar com o professor de História novamente e com o professor de Filosofia. É possível que se faça um levantamento de fatos históricos que foram marcados pelo medo. Em Filosofia, pode-se desenvolver uma discussão sobre o medo, seus motivos, suas razões, como superá-los etc. O professor de Português pode sugerir uma redação sobre o mesmo tema. Já os professores de Biologia, Química ou Ciências podem trabalhar os processos e reações químicas no organismo quando ocorre o medo, bem como as partes do corpo que recebem sinais de medo e como reagem fisicamente.

---

[21] Musica *Welcome to paradise*, Greenday (1992).

[22] Música *Onset*, Buckcherry (2009).

[23] Música *Pain*, Elton John (1995).

[24] Palavras que aparecem juntas. Vide glossário na página 126.

[25] Os exemplos presentes nesta atividade foram extraídos do corpus coletado pela autora em sua pesquisa de doutorado (vide bibliografia na página 128), composto por mais de 6.000 letras de música em inglês, mas você pode também buscar as expressões em letras de música na Internet, conforme já sugerido

Linking sounds

Marcia Veirano Pinto

O uso de letras de música na sala de aula de Inglês como Língua Estrangeira é tradicionalmente bastante difundido por três motivos principais: músicas em inglês fazem parte do cotidiano dos alunos; eles normalmente pedem aos professores que as incorporem ao currículo; elas são fonte de exemplos de língua em uso. No entanto, a falta de variedade no tocante às atividades didáticas comumente preparadas com esse recurso é notória. Na primeira parte deste subcapítulo apresentaremos alternativas à atividade típica, os exercícios conhecidos como *fill in the gaps*, que abordarão um dos componentes principais da língua: os sons.

Mais especificamente, combinações que podem ocorrer na língua inglesa entre a última sílaba de uma palavra e a primeira sílaba de outra. O foco na combinação de sons entre essas sílabas foi escolhido porque essa característica é uma das principais fontes de problema tanto para compreensão oral quanto para a produção oral em língua inglesa (Brazil, 1994). Um dos elementos importantes para a melhora significativa tanto da compreensão oral quanto da produção oral é conscientizarmos nossos alunos de que esses dois elementos estão interligados. Tal conscientização pode ser gerada ao lhes mostrarmos que há dois modos de se ouvir alguma coisa: ouvir **o que** está sendo dito e ouvir **como** está sendo dito. Outro fator que contribui para conscientizá-los das combinações dos sons entre a última sílaba de uma palavra e a primeira de outra é fazê-los praticar algumas delas. As músicas podem ser uma boa fonte para essa prática por causa do ritmo e da repetição existentes nas letras.

O objetivo destas atividades é conscientizar os alunos da combinação de sons entre a última e primeira sílaba de duas ou mais palavras e de como essa combinação, por vezes, faz com que eles as escutem como uma unidade, ao invés de palavras separadas.

Ingredientes

- Letras de música
- CDs e DVDs
- Programa de análise linguística[26]

Modo de Fazer

1. Vá à Internet e selecione letras de música[27].
2. Salve as letras em seu computador, no formato .txt (texto sem formatação, para que possam ser "lidos" pelo programa de análise), em uma pasta que você deve nomear "letras de música", com o objetivo de localizá-las com facilidade para preparar as atividades.

---

[26] Nas atvidades apresentadas usamos o *AntConc*.

[27] Consulte a seção "*Links* úteis", na página 130, e/ou o *site* da editora pelo *link* www.macmillan.com.br/tecnologias, para sugestões de *sites* de letras de música.

DICA: para que você não tenha dificuldade com esse procedimento é importante nomear os arquivos que contêm as letras de música de um modo claro, ou seja, com o nome da música ou com uma abreviação que você não tenha dificuldade para entender, caso seu nome seja demasiado grande.

3. Baixe o programa *AntConc*, seguindo as instruções no *site*.
4. Utilize o programa para análise das letras de música escolhidas para selecionar os conteúdos relevantes. No caso deste tópico:
   a) grupos de duas ou três palavras cujas últimas sílabas frequentemente se ligam com as primeiras sílabas de outras palavras, ou seja:
      I. palavras que terminam em vogais + palavras que iniciam com consoantes;
      II. palavras que terminam em consoantes + palavras que iniciam com vogais;
      III. palavras que terminam com /r/ + palavras que iniciam com vogais;
      IV. palavras que terminam com os sons consonantais de /t/, /n/ ou /d/ + palavras que iniciam com os sons consoantes de /m/, /b/ ou /p/.
      V. palavras que terminam com os sons vogais longos /iː/ e /ʊː/ ou com os ditongos /eɪ/, /aɪ/, /ɔɪ/, /aʊ/ ou /əʊ/ + palavras que iniciam também com esses sons.
   b) as palavras: *and, a, an, are, has, have, or* e *of*.
5. Para fazer essa seleção você pode usar a aba *Clusters* do programa e selecionar o tamanho 2 ou 3 para *N-gramSize*. Mais explicações para esse procedimento podem ser encontradas no *site* da editora pelo *link* www.macmillan.com.br/tecnologias.
6. Para encontrar uma letra de música com alguns dos exemplos que você selecionar, clique em um dos grupos de duas ou três palavras. Esse procedimento remeterá automaticamente à aba *Concordance*, que mostrará o nome do arquivo em que eles ocorrem. Ouça a música e compare com a letra que você possui, para ter certeza de que são compatíveis. Há muitos *sites* na Internet que possuem erros.
7. Ouça a música novamente e marque na letra quais as palavras que são pronunciadas como se fossem uma única palavra, ou seja, as palavras cuja última sílaba se combina com a primeira sílaba da palavra seguinte.
8. Prepare: (a) uma cópia da letra para cada aluno; (b) uma transparência ou o arquivo de computador que contém a letra da música com suas marcações e a/o projete para a sala na hora de discutir as respostas com seus alunos.

Rendimento

1 aula de aproximadamente 45 a 55 minutos.

MODELO DE ATIVIDADE 1

VOCÊ JÁ SABE QUE MÚSICA QUER UTILIZAR

1 | Aquecendo

Hoje nós vamos trabalhar com sons. Observem as palavras que eu vou escrever no quadro. Agrupem-se em duplas ou trios e decidam se vocês as pronunciariam como se fossem uma palavra única ou se as pronunciariam separadas. Vocês têm cinco minutos para decidir.

I'm alive	at a time	roll of	moved on
day and night	like I ain't	like a	hold a

Instruções para o professor: escreva no quadro as duplas e trios de palavras que seguem. Elas foram retiradas da música *Someday I'll be Saturday night*, do Bon Jovi[28], mas poderiam ser duplas ou trios de palavras retirados de qualquer música com a qual queira trabalhar. Ao final dos cinco minutos chame a atenção do grupo como um todo. (5 A 10 MINUTOS)

2 | Discutindo

O que vocês decidiram?

I'm alive	at a time	roll of	moved on
day and night	like I ain't	like a	hold a

Instruções para o professor: comente as respostas obtidas dos alunos, ao mesmo tempo em que mostra que todas elas são de fato ligadas entre si. (5 MINUTOS)

3 | Praticando

Agora vamos ouvir a música. Vou dar uma cópia da letra da música para cada um de vocês e quero que marquem, como acabei de fazer no quadro, a ligação entre as palavras que vocês ouvem como se tivessem sido pronunciadas juntas.

Instruções para o professor: distribua as letras e certifique-se de que todos têm lápis ou caneta para fazer o que você pediu. Note que a instrução dada os levará a ouvir como as palavras são ditas e não o que está sendo dito, por isso, não faça perguntas relacionadas ao significado da letra para não atrapalhar o foco da atividade. (10 MINUTOS)

4 | Vamos checar o que vocês decidiram?

Instruções para o professor: projete as respostas usando sua transparência ou arquivo de computador e, caso necessário, deixe os alunos ouvirem novamente os trechos que gerarem dúvidas. (10 A 15 MINUTOS)

5 | Pesquisando

Para casa — Pesquisem na Internet outras letras de música, preferencialmente alguma música de que vocês gostam e que conhecem bem. Marquem as palavras que vocês acreditam estarem ligadas. Em casa, pratiquem cantá-la para que possamos fazer uma versão do *Ídolos* aqui na escola.

Instruções para o professor: os alunos podem cantar solo ou em grupos. Para realizar o concurso você vai precisar que cada um traga o CD, DVD ou arquivo de computador com a música que eles vão acompanhar. Os alunos que não quiserem participar do concurso porque não querem se expor, cantando na frente do grupo, devem escolher uma música que será cantada, por todos, no encerramento do concurso. Eles escolhem a música, buscam a letra e a música na Internet, se necessário, informam o resto do grupo sobre sua escolha e também a praticam em casa para o dia do encerramento.

---

[28] A letra desta música aparece por completo na seção anterior, "Vocabulário Temático", na página 49.

VOCÊ TEM O CONTEÚDO E O TEMA MAS NÃO SABE QUAL MÚSICA USAR E COMO USÁ-LA

Se você ainda não sabe que música utilizar com seus alunos, o primeiro passo é iniciar o programa de análise linguística, em nosso caso o *AntConc*, que você baixou da Internet. A seguir, clique em *File>open dir* e abra a pasta "letras de música", que agora você deve ter em seu computador. Abra a aba Clusters, clique em *N-Grams*, escolha *N-GramsSize3* e veja quais deles lhe interessam, ou seja, quais deles têm as características listadas no item 4 da seção "Modo de fazer" deste capítulo. Clique, um por vez, nos grupos de 3 palavras que lhe interessaram. Essa ação levará, automaticamente, à aba *Concordance*, que lhe permitirá ver e anotar em qual música o grupo apareceu. Tome nota das músicas que você acredita que seus alunos irão gostar. Repita todo o procedimento, começando pela aba Clusters, mas desta vez escolha *N-GramsSize2*. Esse procedimento poderá ajudá-lo a encontrar a música que contém o maior número de exemplos de palavras cujas últimas sílabas se ligam com as primeiras de outras palavras, proporcionando, assim, uma experiência rica para seus alunos.

1 | Aquecendo

Observem os grupos de palavras no quadro e digam o que eles podem ter em comum. Trabalhem em grupos de dois ou três, por volta de cinco minutos, antes de verificarmos as semelhanças juntos.

and I	an action	of each	are out	are ever
and adore	an actor	of early	or after	or alive

Instruções para o professor: escreva no quadro ou distribua cópias dos grupos de duas palavras acima (eles foram escolhidos com o auxílio do programa *AntConc* de acordo com o procedimento aqui descrito). São compostos por palavras monossilábicas que comumente se ligam às primeiras sílabas de outras, ou seja, *a, an, and, are, of* e *or* (vide item 4 em "Modo de fazer"). Dê por volta de cinco minutos para que seus alunos pensem o que pode haver de comum entre os grupos de palavras. Aceite todas as respostas corretas, mas guie-os ao foco da aula, isto é, o modo como são pronunciados. (5 MINUTOS)

2 | Discutindo

Vocês descobriram algumas semelhanças?

and I	an action	of each	are out	are ever
and adore	an actor	of early	or after	or alive

Instruções para o professor: chame a atenção de seus alunos de que todos são conjunções ou artigos monossilábicos que tendem a não serem enfatizados em discurso fluente, por isso frequentemente são pronunciados ligados à outras palavras. Pronuncie-os marcando a ligação no quadro, conforme exemplificado a seguir, e depois peça aos alunos que repitam tudo com você. (5 A 10 MINUTOS)

3 | Praticando

Agora vamos praticar essa característica da língua inglesa cantando uma música. Vou distribuir a letra para vocês e, enquanto ouvem a música, vão decidir e marcar, como fiz no quadro, que outras palavras além dessas que estudamos vocês acreditam que tenham sido pronunciadas juntas.

Instruções para o professor: busque uma música como descrito na introdução deste modelo e distribua cópias da letra aos alunos. Toque a música apenas uma vez. Quando a música acabar, projete sua transparência ou arquivo com as respostas. (5 A 10 MINUTOS)

4 | Explorando

Vamos conferir as respostas. Vejam o que eu marquei e levantem a mão caso discordem de alguma resposta ou tenham alguma dúvida.

Instruções para o professor: caso seus alunos tenham alguma dúvida, toque o trecho em questão novamente. Explique o porquê de outras palavras também terem sido pronunciadas juntas. As explicações estão no item 4 em "Modo de fazer". (5 A 10 MINUTOS)

5 | Vamos cantar junto com a música para praticar os sons.

Instruções para o professor: toque a música novamente e certifique-se de que todos a estão cantando. (5 A 10 MINUTOS)

6 | Pesquisando

Para casa – Visitem os *site*s: http://www.americanpoems.com, http://famouspoetsandpoems.com/country/England/English_poets.html ou http://www.rhymes.org.uk/ e marquem as palavras que devem ser pronunciadas juntas, de acordo com as regras que vimos em aula. Um dos poemas ou rimas será escolhido para recitarmos em aula.

Trabalhando interdisciplinarmente

ACOMPANHAMENTOS

No modelo 1 podemos trabalhar com o professor de Música e levar o concurso para outras séries, elaborando um concurso como *Ídolos* para a escola como um todo, como parte da grade de atividades extracurriculares. O papel dos professores seria o de elaborar o cronograma e, juntamente com os alunos, os critérios segundo os quais os cantores seriam julgados. Um equipamento de karaokê seria o suficiente para o dia do concurso, mas se os alunos participantes assim o preferirem, podem vir acompanhados de seus próprios instrumentos ou banda.

No modelo 2, o professor de Português poderia se envolver explorando a vida dos autores cujos poemas foram escolhidos, bem como o movimento literário em que os poemas se inserem. Além disso, o *site* de rimas contém informações interessantes sobre a origem e a história de cada uma. Os professores de Inglês e de Português (Literatura) poderiam trabalhar juntos para coordenar um concurso de poesia em que os alunos criariam seus próprios poemas ou ganhariam prêmio pela melhor interpretação.

Patrícia Bértoli-Dutra

Linking words

Neste capítulo, apresentamos até agora propostas de trabalhar com música e suas letras em inglês, tanto focalizadas nos aspectos sonoros da língua (*linking sounds*) quanto num tema presente em uma música ou na aula proposta. Procuramos oferecer uma visão alternativa para o uso de letras de música em sala de aula a fim de que seu valor motivacional seja mais bem aproveitado do que simplesmente preencher espaços de tempo ocioso em sala de aula, agradar alunos por meio de atividades de reconhecimento auditivo de palavras ou trechos que faltam nas letras.

A terceira seção, *Linking words*, trata de aspectos gramaticais da língua e apresenta atividades que enfocam padrões formados por conjunções. Conjunções são palavras que ligam dois (ou mais) termos, frases ou orações. Por exemplo: e, nem, ou, mas, todavia, porque, portanto, já que, se, embora, quando, enquanto, após, a fim de que etc. (*and, either, neither, or, but, because, however, although* etc.). Ao utilizarmos a música para ensinar esses itens linguísticos, trazemos para os alunos amostras de uso real dessas conjunções. Dessa forma, os alunos podem perceber de modo prazeroso em quais situações uma ou outra palavra é mais frequentemente usada.

Ingredientes

- Letras de música que contenham a conjunção ou conjunções[29] que você quer ensinar
- Um programa para análise linguística[30]

Modo de Fazer

1. Baixe todos os programas que precisará utilizar seguindo as instruções dos *sites*.
2. Selecione várias letras de música. Se você já souber algumas que contêm a conjunção (ou conjunções) que você vai ensinar, inclua-as. Você deve baixá-las de *sites* de letras de música na Internet[31].
3. Salve as letras de música no formato .txt para que elas possam ser processadas pelo programa de análise linguística por você selecionado. Você pode salvá-las em arquivos individuais sob a mesma pasta ou agrupá-las em um único arquivo (depende das exigências do programa de análise selecionado).

---

[29] As letras de música podem ser retiradas de diversos *sites* da Internet. Consulte a seção "*Links* úteis" na página 130, e/ou o *site* da editora pelo *link* www.macmillan.com.br/tecnologias, para sugestões de sites de letras de música.

[30] Para detalhes sobre programas de análise linguística, consulte o *site* da editora pelo *link* www.macmillan.com.br/tecnologias.

[31] Para encontrar a letra de música que deseja, você pode 1) digitar a palavra de busca acompanhada da palavra *lyrics* no buscador da Internet de sua preferência. Atenção para a seleção, pois o buscador retorna diversas opções e você terá que escolher manualmente aquela que considerar mais apropriada. Ou 2) você pode ir diretamente a *sites* de letras de música conforme sugestões na seção "*Links* úteis".

Lembre-se de dar um nome a seus arquivos que facilite sua localização depois, como "letrademusica" ou "lm_titulodamusica"[32].

4. Utilize o programa para análise dos textos escolhido (sugestões na página 130, "*Links* úteis") para selecionar os conteúdos relevantes (os exemplos aqui mostrados foram analisados pelo programa *AntConc*).

5. Para encontrar uma letra de música com alguns dos exemplos que você quer usar você pode usar a ferramenta *Wordlist* e clicar sobre a palavra que deseja. Esse procedimento remeterá automaticamente à aba *Concordance*, que mostrará o nome do arquivo em que eles ocorrem e seu contexto imediato. Ou você pode ir diretamente à ferramenta *Concordance* e digitar a palavra que você quer trabalhar.

6. Prepare um material para cada aluno, ou seja, letra de música e tiras com as listas de concordâncias. Para o modelo de atividade 2 é fundamental que as listas de concordâncias sejam entregues no momento certo e não juntas, pois isso atrapalharia o desenvolvimento da atividade.

Rendimento

Aproximadamente 30 minutos.

MODELO DE ATIVIDADE[33] 1

VOCÊ TEM A LETRA DA MÚSICA QUE CONTEMPLA O TEMA DE SUA AULA

1 | Aquecendo

Hoje vamos observar conjunções correlativas, ou seja, aquelas que aparecem em pares.

both... and	either... or	neither... nor
not only... but also	whether... or	

Instruções para o professor: escreva no quadro os conjuntos de conjunções correlativas que seguem e peça aos alunos que as observem. (5 MINUTOS)

2 | Discutindo

Essas são conjunções correlativas, isto é, conjunções que representam um tipo de relação entre os participantes. Decidam quais indicam contraste/exclusão e quais indicam inclusão.

---

[32] Em "titulodamusica" você deve colocar o nome da música que está salvando. Por exemplo: lm_unforgettable, para a letra da musica *Unforgettable*.

[33] As atividades propostas para estes modelos estão disponíveis no *site* da editora pelo *link* www.macmillan.com.br/tecnologias.

Linking words

> A dramatic shift in body size also occurs when species end up on islands, both literal and figurative.
>
> I see in my daily practice, that we have not only the obligation but also the opportunity to remain vitally involved.
>
> No amount of affirmative action, at either private or public colleges and universities, will free these men from jail.
>
> Presidents, whether Democrats or Republicans, need to clearly understand that in the United States of America...
>
> If someone appeared neither working nor spending on Saturday, there was something wrong, catastrophically wrong.

Instruções para o professor: dê no máximo cinco minutos, observe as respostas dos alunos e comente-as: *both... and* e *not only... but also* indicam inclusão, ou seja, não apenas uma "coisa", mas a outra também; já as outras indicam exclusão, ou seja, ou uma coisa ou outra. (5 MINUTOS). Se você perceber que os alunos encontram dificuldade para definir as conjunções, você pode apresentar frases inteiras com as conjunções destacadas. Você também pode apresentar oralmente a tradução das frases. Esse procedimento facilita a percepção do aluno. Veja o exemplo acima retirado do COCA[34].

3 | Praticando

Agora vamos ouvir uma música. Vou entregar uma cópia da letra da música para cada um de vocês e quero que marquem as conjunções desse tipo que encontrarem e verifiquem o que elas contrastam.

> Doctor, Lawyer, Indian chief
> There's a doctor living in your town
> There's a lawyer and an Indian, too
> And neither doctor, lawyer nor Injun chief
> Could love you any more than I do
> There's a barrel of fish in the ocean
> There's a lot of little birds in the blue
> And neither fish nor fowl, says the wise old owl
> Could love you any more than I do
> No! No! No! it couldn't be true
> That anyone else could love you like I do
> I'm gonna warn all the dead-eyed dicks
> That you're the chick with the slickest tricks
> And every tick of my ticker ticks for you, follow through
> Tell the doc to stick to his practice
> Tell the lawyer to settle his case
> Send the Injun chief and his tommy-hawk
> Back to little Rain-In-the-Face
> 'cause you
> Know! Know! Know! it couldn't be true
> That anyone else could love you like I do
> (No! No! No! it couldn't be true)
> (That anyone else could love you like I do)
> And, confidentially, I confess
> I sent a note to the local press
> That I'll be changin' my home address for you, follow through
> Tell the doc to stick to his practice
> Tell the lawyer to settle his case
> Send the Injun chief and his tommy-hawk

[34] Corpus of Contemporary American English. Acesso em 07/12/11.

> Back to little Rain-In-the-Face
> 'cause you
> Know! Know! Know! it couldn't be true
> That anyone else could love you like I do
> No! No! No! it couldn't be true
> That anyone else could love you like I do
> I'm gonna send a hot communeek
> To warn the boys down at Cripple Creek
> That every dimple on your dimpled cheek is mine, so to speak
> Tell the doc to stick to his practice
> Tell the lawyer to settle his case
> Send the Injun chief and his Tommy-hawk
> Back to little Rain-In-the-Face (woo-woo-woo, woo-woo-woo)
> 'cause you
> Know! Know! Know! it couldn't be true
> That anyone else could love you like I do
> (Like I do) (Like I do) (Like I do)

Instruções para o professor: distribua as letras. Toque a música ou passe o vídeo, que pode ser assistido do YouTube (se a escola tiver conexão com a Internet). Para esta atividade selecionamos a canção *Doctor, lawyer, Indian Chief*, cuja gravação feita por Betty Hutton[35] nos anos 50 nos pareceu bastante divertida, pois os alunos também podem observar o contraste de músicas antigas com atuais. Além disso, a música é rica em vocabulário e pode ser aproveitada para outro enfoque. No entanto, o modelo de atividade apresentado aqui destaca somente o uso das conjunções correlativas *neither... nor*. Na versão acima, as conjunções alvo já aparecem destacadas, mas você deve deixar que os alunos as localizem. (5 A 10 MINUTOS)

4 | Explorando

Agora vamos verificar o que vocês anotaram? Quais pares de conjunções vocês encontraram? O que elas contrastam? Estão incluindo ou excluindo[36]?

Instruções para o professor: para verificar as respostas dos alunos, você pode fazer uma leitura da música pedindo que eles avisem quando você ler o que anotaram, pode levar uma transparência com a letra da música já contendo as palavras destacadas ou pode anotar no quadro. É importante observar se os alunos não marcaram outras conjunções que não estão indicando contraste, como é o caso de *and*, por exemplo, que aparece algumas vezes, mas desacompanhada. (10 MINUTOS)

5 | Pesquisando

Para casa – Vamos pesquisar outras músicas que contenham as conjunções que aprendemos hoje?

Instruções para o professor: você pode sugerir que os alunos procurem na Internet outras letras de música que contenham conjunções correlativas, de exclusão ou de inclusão. Pode sugerir que observem a diferença de *either... or* em frases afirmativas e negativas. Os alunos devem encontrar as conjunções e trazê-las já destacadas na letra de música, indicando também o que elas contrastam. Antes de apresentarem/entregarem os trabalhos, os alunos podem se dividir em grupos pelo tipo de conjunções que encontraram e comparar as diferenças e semelhanças entre seus achados.

---

[35] Consultado em 27/10/2011 no endereço <http://www.youtube.com/watch?v=zZYYqQInrDg>.

[36] Você deve colaborar para que os alunos percebam que a música diz que nem médico, nem advogado, nem chefe indígena, nem peixe, nem ave vai amar a pessoa para quem a canção foi escrita como quem a escreveu a ama. Assim, trata-se de uma relação de exclusão.

VOCÊ TEM O TEMA MAS NÃO SABE QUAL MÚSICA OU MÚSICAS USAR

O tema de sua aula é conjunções e você deve apresentar diversas delas para os alunos. Sendo assim, fica mais fácil trabalhar com trechos de diversas músicas do que com uma única que pode contemplar apenas uma ou outra conjunção. Você já coletou algumas letras de música na Internet e já as salvou no formato .txt. Agora você precisa encontrar as músicas que apresentam as palavras que quer ensinar. Para isso, use o programa de análise linguística que você também já baixou em seu computador. Para a atividade a seguir foi utilizado o programa *AntConc*.

Você pode fazer a seleção das conjunções de duas formas:

a) Com os arquivos de letras de música já selecionados no programa *AntConc*, clique em Wordlist e você terá uma lista com as palavras presentes em sua seleção de textos. A partir daí, é só escolher, entre as que você tem, aquelas que quer ensinar e fazer as concordâncias.

b) Ou você pode ir diretamente à ferramenta *Concordance* e digitar a palavra que está querendo ensinar. Assim, você receberá uma lista com a palavra selecionada (palavra de busca) e seu contexto imediato, como no exemplo da atividade 1 a seguir. O único pequeno problema com esse procedimento é que, às vezes, você pode escolher uma palavra que não está presente em seu corpus (vai receber a resposta no *hits*). Todavia, é só procurar por outra. Esse procedimento foi o escolhido para esta atividade.

1 | Aquecendo

Vocês vão receber uma folha com versos de algumas músicas com algumas palavras destacadas. Vocês as conhecem? O que elas têm em comum?

> Now the rain is falling slow and the nights grow long
> I love you darling but don't forget trouble
> You'll find another girl or maybe more
> So let's go home and draw the curtains
> I'm more confused, yet I look for the light
> Let's do some living after we die
> I just can't be seen with you although it hurts me to say
> now here turn to cry because I used to love her
> everything is wrong since I last saw you
> I hope you'll see me when I come streaking by

DICA: aqui você cumprimenta os alunos por perceberem que se trata de conjunções e estimula os que não perceberem a identificarem suas características, explica o que são conjunções, as funções que desempenham e, se for o caso, os tipos (coordenativas e subordinativas). Pode fazer uma associação com as mesmas conjunções em português.

Instruções para o professor: você entrega aos alunos uma tira de papel com uma lista de concordâncias contendo as conjunções que deseja enfocar centralizadas e destacadas, como no exemplo acima. As linhas de concordância do exemplo foram extraídas pelo programa *AntConc* de uma coletânea de cerca de 500 letras de música diferentes. Cada uma das conjunções foi colocada como palavra de busca e selecionados dois ou três versos de cada uma delas. (5 A 10 MINUTOS)

2 | Discutindo

Vamos ver outras preposições aqui no quadro agora.

Coordenativas	Subordinativas	Correlativas
for; and; nor; but; or; yes; so	after; although; as; because; before; even though; if; once; only if; since; than; that; though; till; unless; until; when; whenever; where; wherever; while	both... and either... or neither... nor not only... but also whether... or

Instruções para o professor: você coloca no quadro (ou apresenta em transparência ou *slide* projetado) as seguintes conjunções, comentando suas funções e equivalentes em português[37]. Se preferir, antes de fornecer as conjunções, você pode pedir que os alunos digam as que lembram e você vai colocando-as na tabela (em inglês) para, em seguida, finalizar. (5 A 10 MINUTOS)

3 | Explorando

Agora, vou entregar outra tirinha de papel para vocês, com as conjunções faltando. Esses exemplos também foram tirados de letras de música. Escolhi letras de música para que vocês vejam que, embora possamos pensar que conjunções são termos presentes em construções mais complexas da língua, elas são constantes em nossa fala, inclusive em letras de música.

---

worked in bars <u>and</u> sideshows along the twilight zone

she didn't deserve <u>but</u> it was too late

she's not home when you call, <u>so</u> you can go to all the places she used to go

<u>even though</u> it didn't stay it was worth while

I took a plane. <u>Wherever</u> I go they treat me the same

I've been so sad <u>since</u> you've been gone

I could make it rain <u>whenever</u> I wanted to

<u>when</u> you hear that music you can't sit still

they say <u>that</u> life goes on

so now <u>that</u> she's gone you won't be sad for long

I watched with glee <u>while</u> my kings and queens fought for ten decades

---

Instruções para o professor: você entrega a tira e deixa os alunos preencherem sozinhos. Uma alternativa é oferecer as linhas de concordância acompanhadas de uma lista com as palavras que fazem parte da resposta para os alunos apenas relacionarem a frase com a conjunção que está faltando. No exemplo acima, as respostas estão sublinhadas, mas devem ser excluídas antes de serem entregues aos alunos. (10 MINUTOS)

4 | Praticando

Agora vamos ver algumas dessas conjunções em seu contexto mais amplo. Vou entregar para vocês a letra de uma música que tem diversas conjunções. Elas foram apagadas. Primeiro vocês devem preencher os espaços em branco com as conjunções que vocês julgarem mais adequadas. Em seguida, vamos ouvir a música para ver quais foram as escolhas do autor.

---

[37] Se você quiser, pode passar uma lista completa das conjunções ou apenas aquelas que estarão na atividade. Vai depender do enfoque total da aula ou sequência de aulas.

Instruções para o professor: você seleciona uma das músicas das quais tirou exemplos de conjunções, apaga-as e entrega para os alunos. Os alunos preenchem com as que acharem adequadas. Em seguida, você toca a música para os alunos verificarem suas respostas. É importante ficar atento para o fato de que muitas vezes mais de uma conjunção poderia ser usada em determinada frase sem alterar o sentido. Nesse caso, se o aluno escolher uma conjunção diferente daquela presente na música, o professor deve explicar que seria possível, mas que o autor escolheu outra com o mesmo sentido, ou que, dependendo da palavra seguinte (colocação), fica melhor aquela. Na seguinte frase do exemplo anterior, **_when_** *you hear that music you can't sit still*[38], seria possível também usar a conjunção **_whenever_**, por exemplo. (10 MINUTOS)

Trabalhando interdisciplinarmente

ACOMPANHAMENTOS

Nos dois modelos de atividade o professor de Inglês pode trabalhar em conjunto com o professor de Português, já que se trata de uma especificidade da gramática. Os dois professores podem pedir que os alunos apresentem um estudo contrastivo entre uso das conjunções em uma língua e outra. É possível também desenvolver uma investigação sobre a diferença de escolha de conjunções de acordo com o tipo de texto.

O professor de Português pode selecionar poemas ou trechos de prosa cujo uso da conjunção são decisivos para a compreensão do texto. O professor também pode solicitar que os alunos pesquisem determinados poemas que apresentem essas características.

Seria interessante pedir aos professores de Química, Física e Matemática que fornecessem enunciados de exercícios típicos destas disciplinas para verificar como se dá o uso das conjunções e se esse uso influencia o modo como o aluno vai entender o enunciado para responder o exercício.

---

[38] Verso retirado da música *C'mon everybody*, de Eddie Cochram, gravada originalmente em 1958.

Capítulo 3

JOGOS E VIDEOGAMES

Cristina Mayer Acunzo
Márcia Regina Boscariol-Bertolino
Tony Berber Sardinha

Em pleno século XXI, tempo da cibercultura, o videogame tem ampliado seu domínio entre os mais diversos públicos, sendo visto economicamente como um dos setores da indústria cultural que mais prospera. Em conjunto com o crescimento da geração videogame, o número de profissionais dedicados à área também aumentou. Os jogos digitais são considerados atualmente interdisciplinares e a necessidade de estudos mais aprofundados tornou-se imprescindível.

No âmbito escolar, também há o reconhecimento do papel dos videogames na aprendizagem de várias disciplinas. Pesquisas apontam vários benefícios que os videogames podem trazer para o processo de ensino-aprendizagem, inclusive na aprendizagem de línguas, de modo a reforçar a ideia de que os videogames são úteis para ensinar. Este capítulo apresenta sugestões de atividades de como os videogames podem ser usados em sala de aula e explorados em diversos aspectos para o aprendizado da língua, aproveitando as vantagens que os jogos podem proporcionar.

O capítulo está dividido em três partes. Na primeira seção, apresentamos modelos de atividades que enfocam o ensino de colocações, palavras que geralmente são usadas juntas na língua. Na segunda seção, apresentamos modelos de atividades relacionadas tanto à observação como ao desenvolvimento de uma sequência narrativa dentro de RPGs (*Role Playing Games*). A última seção apresenta sugestões de uso dos jogos para ensinar expressões idiomáticas através da leitura de instruções e excertos sobre videogames.

Cristina Mayer Acunzo

Verbos e seus colocados

Desde a década de 80, têm sido feitas pesquisas sobre a relação entre jogos eletrônicos e aprendizagem. Nessas pesquisas, verificou-se que, por um lado, os desenvolvedores de jogos acreditam que o entretenimento contribui para a aprendizagem; por outro lado, os professores e pedagogos acreditam que os jogos têm de ter um enfoque pedagógico, ou seja, nos conteúdos a serem ensinados. Esse desencontro de ideias resulta na divisão entre jogos para entreter e jogos para aprender. No entanto, os custos do desenvolvimento de jogos ainda são altos, levando à criação de jogos "para ensinar" pouco atrativos e de baixa qualidade, o que não chama a atenção dos alunos, especialmente os da geração chamada de *nativos digitais*[1]. Além disso, levar jogos para a sala de aula somente para ensinar conteúdos não vai atrair a atenção dos alunos e reduz todo o aspecto tecnológico, cultural, estratégico e de habilidades, entre outros, que os jogos proporcionam e que os professores podem ajudar os alunos a desenvolver.

Atualmente existem inúmeras pesquisas que apontam as diversas vantagens que os jogos eletrônicos proporcionam. Para citar algumas, em primeiro lugar, tratamos a questão do contexto. Com um jogo, o aluno pode gravar informações e aprender com mais facilidade porque precisa usar a língua para conseguir jogar, ou seja, a necessidade o leva à aprendizagem de algo que será usado em sua própria realidade. Em um jogo, o aluno interage e não tem um papel apenas de receptor, visto que frequentemente está criando e "escrevendo" histórias dentro de um contexto atrativo. Jogos também incentivam a resolução de problemas, a interação e o respeito aos outros jogadores, bem como a assumir riscos, contribuindo para o desenvolvimento social.

Com relação ao uso e ao ensino da língua, em nossa visão, a linguagem é padronizada, o que significa que não selecionamos palavras isoladas para a construção dos discursos; ao contrário, fazemos combinações de palavras que são geralmente usadas juntas na língua, o que chamamos de colocação. Ao usarmos nossa língua materna, lançamos mão dessas colocações de forma automática, e é através dessas unidades já padronizadas que conseguimos nos comunicar com fluência. Um exemplo de colocação em inglês é *attend a class*. Os alunos brasileiros geralmente usam o verbo *watch* com *class* pensando no significado do verbo; entretanto, *watch a class* não é uma combinação recorrente na língua inglesa; essa combinação só faz sentido se você observa a aula de um professor com o objetivo de avaliá-lo. Talvez isso ocorra porque muitas vezes, ao aprendermos uma língua estrangeira, as palavras são ensinadas isoladamente e temos dificuldade de combiná-las de forma correta. Assim, procuramos incentivar o ensino dos verbos juntamente com seus colocados para que os alunos possam aprender e usar as combinações padronizadas com mais facilidade.

Nesta seção, portanto, propomos a criação de atividades (com exemplos) nas quais os jogos podem ser explorados em diversos aspectos – histórico, cultural e linguístico –, levando o aluno a aprender a língua, aprender a jogar, aprender com o jogo e a produzir algo que tenha sentido em sua vida fora da escola.

---

[1] Um *nativo digital* é aquele que nasceu e cresceu com as tecnologias digitais presentes em sua vivência (Vide http://pt.wikipedia.org/wiki/Nativo_digital, acesso em outubro de 2011).

Ingredientes

- Um programa para análise linguística[2]
- Textos sobre o jogo e/ou o tema, em formato .txt

Modo de fazer

1. Baixe o programa que precisará utilizar seguindo as instruções dos *sites*.
2. Acesse a Internet utilizando um navegador, faça uma busca e selecione um jogo. Selecione os textos que aparecem no jogo e salve-os em formato .txt (texto sem formatação, para que possam ser "lidos" pelo programa de análise).
3. Ainda na Internet, faça uma busca de:
    I. Tutoriais (*walkthroughs*) e/ou guias (*guidelines*) sobre o jogo escolhido e/ou sobre diversos jogos;
    II. Descrição do jogo escolhido e/ou de diversos jogos;
    III. Textos que tenham relação com o tema do(s) jogo(s).
4. Selecione os textos que pretende utilizar e salve-os em seu computador em formato .txt. Crie uma pasta com o nome do tema ou do jogo e coloque os textos lá, inclusive os do jogo, para que você os encontre com mais facilidade. (Para as atividades que apresentamos no modelo 1, por exemplo, chamamos a pasta de *renaissance_kingdoms*.)
    1. Utilize o programa escolhido para análise dos textos (sugestões na página 130, "*Links* úteis") a fim de selecionar os conteúdos relevantes (os exemplos aqui mostrados são relacionados ao modelo de atividade 1).
        I. Em *Wordlist*, escolhemos os verbos, dentre os mais frequentes, que são usados para falar sobre atividades e/ou ações, como por exemplo: *work*, *eat*, *pay* e *buy*;
        II. Para encontrar os colocados desses verbos, utilizamos as ferramentas *Clusters* (agrupamentos), *Collocates* (colocados) e *Concordance* (concordância).
        III. Analisamos cada um dos verbos e verificamos os colocados mais frequentes e pertinentes para serem estudados, pensando nas diversas situações em que os alunos poderiam usá-los. Com a ferramenta *Clusters*, encontramos: *work at + place, work in + place* e *work for + someone / somewhere*. Em *Collocates*, encontramos: *eat + adjective + meals* e *pay + for + something*. Com a ferramenta *Concordance*, encontramos: *buy + something + from + somewhere* e *buy + something + in + a place*.
        IV. A partir dessas análises, selecionamos os conteúdos a serem ensinados e elaboramos a atividade demonstrada (1).
    2. Para que os alunos possam trocar ideias sobre o jogo e/ou o tema, crie uma página de fórum de discussão *online*[3] e convide os alunos a participarem.

---

[2] Para detalhes sobre programas de análise linguística, consulte o *site* da editora pelo *link* www.macmillan.com.br/tecnologias e/ou a seção "*Links* úteis" na página 130.

[3] *Links* sobre fóruns de discussão estão disponíveis no *site* da editora pelo *link*: www.macmillan.com.br/tecnologias e na seção "*Links* úteis" na página 130.

> **Rendimento**
>
> Aproximadamente 2 aulas (de 45 minutos a 1 hora cada) para cada modelo de atividade.

As atividades a seguir têm como objetivo permitir o ensino de verbos comuns da fala cotidiana, bem como de verbos modais, a partir de seu padrão de uso em contexto, tendo como base textos instrucionais para jogos.

MODELO DE ATIVIDADE[4] 1

VOCÊ TEM O TEMA E/OU O JOGO, MAS NÃO SABE QUAL CONTEÚDO ENSINAR

Para esta atividade escolhemos o jogo de RPG *online Renaissance Kingdoms*[5]. Em seguida, selecionamos diversos textos sobre o jogo, dentre eles tutoriais e dicas, e os salvamos em arquivos em formato .txt. Fizemos a análise dos verbos encontrados nos textos como explicado no item 4 do "Modo de fazer" e criamos as seguintes atividades:

> **Dica:** É importante que você já tenha acessado o jogo anteriormente, pois é necessário fazer um registro somente com um *login* e senha e um *email*. Você receberá um *link* de acesso em seu *email* para entrar no jogo pela primeira vez.
> **Sugestão:** se preferir, mostre um vídeo de tutorial do jogo para os alunos, que você pode encontrar em *sites* como o YouTube[6].

PRIMEIRA AULA

1 | Aquecendo

Hoje vamos aprender um pouco sobre como viviam as pessoas entre os séculos XIV e XVII, um período chamado Renascença (*Renaissance*). Vamos ao laboratório de informática aprender a jogar *Renaissance Kingdoms*, um jogo de RPG *online* que tem como tema esse período.

Instruções para o professor: mostre o jogo, levando os alunos ao laboratório ou num computador em sala de aula. Leia as descrições junto com eles, explicando o que é necessário fazer no jogo e mostrando as figuras para que eles já possam observar algumas características do período. (10 A 15 MINUTOS)

2 | Discutindo

O que vocês sabem sobre esse período? O que as pessoas vestiam, comiam e em que trabalhavam?

Instruções para o professor: pergunte aos alunos o que sabem sobre o assunto e coloque no quadro o que eles responderem, especialmente os verbos e seus colocados (respostas podem ser em português ou inglês). (10 A 15 MINUTOS)

---

[4] As atividades aqui propostas para estes modelos estão disponíveis no *site* da editora pelo *link*: www.macmillan.com.br/tecnologias.
[5] Jogo *online* disponível em http://www.renaissancekingdoms.com/. Acesso em outubro de 2011.
[6] www.youtube.com. Acesso em outubro de 2011. Informações sobre como usar e salvar vídeos do YouTube no computador estão no Capítulo 4 (YouTube).

3 | Pesquisando

Vamos fazer uma pesquisa para saber como as pessoas viviam na Renascença?

Instruções para o professor: peça que seus alunos façam uma pesquisa sobre o período de acordo com o que eles discutiram. Isso pode ser feito em duplas ou grupos, sendo que cada um pesquisa um aspecto como, por exemplo, "o que comiam", "o que vestiam", "em que trabalhavam". Forneça alguns *sites* nos quais eles podem encontrar essas informações. Discuta os resultados das pesquisas com os alunos e peça para que eles postem suas descobertas no fórum de discussão. Alternativa: a pesquisa pode ser feita em casa.
(25 A 40 MINUTOS)

SEGUNDA AULA

4 | Explorando

Vamos explorar como falar sobre ações?

a) O que vocês podem observar que se repete com a palavra *work*?

> you can work in the mine
> choose the iron mine to work in
> you can work at the church
> work at the parish
> work for the church
> work for less than minimum wage

b) O que vocês usam para falar o lugar onde se trabalha?

> work + in / at / for + place

c) O que vocês podem usar para falar "trabalhar por/para ganhar dinheiro"?

> work + for + money / a salary/wage

d) Agora vejam o verbo *buy*:

> buy them from the market
> there is usually a meal that you can buy from the town
> meals usually cost a bit more than if you buy in the market
> they must buy and sell in the town market

e) O que usamos para falar onde ou de onde compramos algo?

> buy + something + from / in + a place

Verbos e seus colocados

Instruções para o professor: escreva (em inglês) no quadro ou entregue uma cópia para os alunos com alguns exemplos do uso dos verbos e seus colocados retirados dos textos selecionados (jogo, tutoriais etc.) e faça os exercícios com eles, explicando os padrões. No item **b**, por exemplo, mostre que se pode usar *work + in / at / for + place* (lugar onde se trabalha). No item **c**, mostre que usamos *work + for + money / a salary/wage*. Os itens **d** e **e** trazem o mesmo tipo de exercício e os alunos concluem que usamos *buy + something + from / in + a place*. Faça o mesmo tipo de exercício com os outros verbos e seus colocados. Peça aos alunos outros exemplos em suas pesquisas. (10 MINUTOS)

5 | Praticando

Leiam os seguintes trechos do jogo e de tutoriais e completem os espaços com os verbos *work / pay / eat / buy* e *get*:

1. Every town has a Church where you can work, but that does not pay enough to survive. Work there only for two days to get promoted to Level 1.
2. Begging at the Church probably does not pay enough.
3. Do not buy anything other than food in level 0.
4. Do not eat more than you need to get rid of hunger.
5. If you eat when you are not hungry, the food will disappear.

Instruções para o professor: use o texto de um vídeo de tutorial do jogo (ver atividade 1 da Primeira aula) e/ou um dos textos selecionados anteriormente para praticar mais verbos e seus colocados. Mostre aos alunos que eles completaram com os verbos de acordo com as palavras que vêm antes e depois dos mesmos, como por exemplo: *pay + enough, work + there, get + promoted, buy + food, eat... + hunger / hungry.* (10 MINUTOS)

6 | Explorando

Leia novamente as frases do exercício 5. O que deve ser feito no jogo para sobreviver nos primeiros níveis? Responda às questões:

a) Where can you work? (You can work in/at/for the Church.)
b) Do you get enough money if you work at the Church? (No, you don't. Working at the Church doesn't pay enough to survive.)
c) What should you buy in Level 0? (You shouldn't buy anything in Level 0.)
d) When should you eat? (You should eat only when you're hungry.)

Instruções para o professor: explore as frases do exercício 5 com os alunos fazendo perguntas para que usem os verbos e os colocados. Peça que eles postem as respostas e outras dicas que encontraram no fórum de discussão. (10 MINUTOS)

7 | Aprofundando

Vamos jogar?

Instruções para o professor: leve os alunos ao laboratório de informática e cada um irá acessar o jogo. Leia com eles as regras chamando sua atenção para o que está sendo explorado, os verbos e seus colocados. Você também pode pedir para assistirem ao tutorial e anotarem mais exemplos de verbos e colocados. Essa pode ser uma atividade contínua, os alunos continuam jogando em casa ou em aulas posteriores e aprendem outras combinações. **Alternativa**: se preferir, ao invés de cada um jogar em um computador no laboratório, você pode ter somente um computador e um só *login* para toda a sala e os alunos se revezam indo ao computador para usar o jogo. Depois, cada um cria seu próprio *login* e senha em casa. (25 A 40 MINUTOS)

MODELO DE ATIVIDADE 2[7]

VOCÊ TEM O CONTEÚDO E/OU O TEMA, MAS NÃO SABE QUAL JOGO USAR E COMO USÁ-LO

Suponhamos que você queira ensinar verbos modais ou o modo imperativo usando jogos. Faça uma busca na Internet em *sites* de jogos e escolha algum/uns jogo/jogos que queira usar. Copie ou digite os textos que aparecem no jogo e salve em formato .txt. A seguir, faça uma busca de tutoriais, guias, fóruns e dicas sobre o jogo selecionado e/ou sobre diversos jogos. Salve os textos selecionados em formato .txt em uma pasta chamada *tutorials*, por exemplo.

Para encontrar exemplos/amostras do conteúdo (em nosso caso modais), use um programa para análise linguística (sugestões na página 130, "*Links* úteis"). Com a ferramenta *Concordance*, você pode encontrar diversos usos dos verbos modais colocando na busca *can*, *should* etc. Para encontrar exemplos de imperativos, você pode fazer uma lista de palavras em *Wordlist* e colocar como palavra de busca do *Concordance* os verbos mais frequentes ou que indiquem que está sendo dada uma instrução, como por exemplo, *go*, *be*, *find*, *start* e *do not / don't*.

Analisando os resultados da busca na ferramenta *Concordance*, verificamos que um dos tutoriais que continha vários exemplos do conteúdo a ser ensinado referia-se ao jogo *Julia's Quest United Kingdom*[8]; assim, selecionamos esse jogo para o modelo de nossa atividade. Trata-se de um jogo que você baixa facilmente seguindo as instruções do *site* e joga no próprio computador. O jogo consiste em diversos minigames de raciocínio que transporta o jogador para diversos locais no Reino Unido; o objetivo é ajudar a personagem Julia a desvendar um segredo enviado pelo seu avô em um diário.

PRIMEIRA AULA

1 | Aquecendo

O que vocês conhecem sobre o Reino Unido? Hoje vamos conhecer um pouco sobre o Reino Unido por meio de um jogo chamado *Julia's Quest*. Vamos entrar no jogo para conhecer seus objetivos e as instruções.

Instruções para o professor: a aula pode ser realizada em um laboratório de informática ou com um computador em sala de aula. Se não for possível, copie os textos que aparecem no jogo e leve para os alunos cópias dos textos ou coloque-os no quadro. Inicie a aula perguntando para os alunos o que eles sabem sobre o Reino Unido. Se eles já tiverem algum conhecimento de inglês, peça que falem sobre o assunto em inglês. Caso contrário, você mesmo pode escrever no quadro, em inglês, o que eles responderem. Em seguida, peça que os alunos leiam o texto inicial do jogo ou então leia juntamente com eles, fazendo perguntas para checar se entenderam a história. (15 A 20 MINUTOS)

2 | Trabalhando com o texto

Encontrem (e sublinhem) no texto as partes que dão instruções sobre o que deve ser feito.

Instruções para o professor: se os alunos estiverem vendo o texto na tela, coloque as respostas no quadro e peça que eles copiem; se os alunos estiverem com a cópia dos textos, peça que eles sublinhem. (10 A 15 MINUTOS)

Exemplos das instruções do jogo:
- collect a few photos
- get the code of the safe in the bank

---

[7] As atividades aqui propostas para estes modelos estão disponíveis no *site* da editora pelo *link*: www.macmillan.com.br/tecnologias.
[8] Existem diversos *sites* de onde baixar o jogo. Para encontrá-los, você pode fazer uma busca na Internet. Um exemplo é: http://www.baixaki.com.br/download/julia-s-quest-united-kingdom.htm. Acesso em outubro de 2011.

- here you can start next level or one of those you passed
- you can scroll pages using the arrows at the bottom
- open the desired section of the diary using tabs at the bottom

3 | Explorando

Observem as instruções no exercício 2. Como elas são dadas? Escolham as alternativas corretas:

a) pessoa + verbo + complemento → *I open the safe*

b) verbo + complemento → *Open the safe*

c) pessoa + verbo modal + verbo → *You can open the safe*

Instruções para o professor: ajude os alunos a descobrirem os padrões lendo as frases do exercício 2. Assim, eles verão que para dar instruções podemos usar verbos modais (item c) e o modo imperativo (item b). Geralmente não usamos o padrão sujeito + verbo (item a) para instruções. (20 A 25 MINUTOS)

SEGUNDA AULA

4 | Praticando

Vamos ver mais exemplos de instruções sobre jogos? Leiam os trechos de tutoriais de jogos a seguir e marquem (I) para os que apresentarem o modo imperativo (e.g. *Open the safe*) e (MV) – modal verbs – para os que apresentarem os verbos modais (e.g. *You can open the safe*). Depois sublinhem os verbos modais que vocês encontrarem (e.g. *can*).

a) *You can only build the same business once in your town.* (MV)

b) *Knowing how to cook is half the battle, but you should have mostly everything down now.* (MV)

c) *Build a Market at this time.* (I)

d) *Now that you know the secret ingredient, you can start cooking up spells in no time.* (MV)

e) *Now, tap on the Store button.* (I)

f) *From here, you should look out for bubble pop-ups above certain buildings.* (MV)

g) *Start out by tapping the Build button in the lower right corner of the screen.* (I)

Instruções para o professor: peça que os alunos façam o exercício individualmente ou em duplas e ajude-os se necessário. O objetivo é que percebam as diferentes maneiras de dar instruções e o uso de verbos modais (itens a – *can*, b – *should*, d – *can*, f – *should*) e do modo imperativo (itens c – *build*, e – *tap*, g – *start*). As respostas da atividade estão entre parênteses. (10 A 15 MINUTOS)

5 | Praticando

Agora vamos ver algumas expressões bastante comuns nos tutoriais de jogos. Veja se vocês conseguem relacionar as colunas:

a) To get (e) your business again and again.
b) Tap (d) to build a kingdom.
c) Resources can get (a) started and playing the game, you…
d) You need (c) expensive.
e) You can upgrade (g) visit the taverns.
f) You will be (b) on the castle, then the potion to use it.
g) Be sure to (f) able to see what ingredients are required.

Capítulo 3: Jogos e videogames

Instruções para o professor: peça que os alunos relacionem as colunas para formar algumas colocações com verbos bastante frequentes em tutoriais de jogos. As respostas estão entre parênteses. (10 A 15 MINUTOS)

6 | Aprofundando

Vamos jogar? Entrem no jogo e anotem algumas dicas para criar um tutorial. Usem as expressões dadas.

a) *To get started*
b) *Be sure to*
c) *You will be able to*
d) *ou need to*
e) _____ *can get* _____ (adjetivo)
f) *Tap on*
g) *You can upgrade*
h) *You should*

Instruções para o professor: no laboratório de informática ou com um computador em sala de aula (em um esquema de revezamento) peça que os alunos acessem o jogo e anotem as dicas para criar um tutorial. O objetivo é que eles criem um tutorial usando o que foi estudado (verbos + colocados, modo imperativo e verbos modais). O tutorial pode ser postado em um *blog*[9] ou em um fórum de discussão na Internet. Os alunos podem também assistir a um tutorial do jogo no YouTube e escrever as frases seguindo as imagens. (25 a 30 minutos)

Trabalhando interdisciplinarmente

ACOMPANHAMENTOS

O trabalho interdisciplinar vai depender do jogo escolhido. No modelo 1 o jogo escolhido, por exemplo, é o *Renaissance Kingdoms*, sobre a Renascença, então podemos trabalhar com os professores de História e Geografia. Os alunos podem fazer pesquisas sobre as regiões da Europa com maior influência desse período, bem como sobre os costumes da época. Pode-se discutir como esse período se reflete nas artes, arquitetura, política, ciência e no comportamento das pessoas, utilizando pinturas e pintores consagrados (*sites*). O Renascimento em Portugal – http://yufind.library.yale.edu/yufind/Search/Results?lookfor=%22%20Renaissance%20Portugal%22&type=Subject[10]. O Renascimento na Itália e em outros países – http://arthistoryresources.net/ARTHrenaissanceitaly.html[11]. Os alunos podem verificar se o cenário do jogo e as atividades estão condizentes com a realidade. Pode-se também trabalhar com política e estratégias, já que os jogadores podem chegar a um estágio no jogo no qual ocupam cargos no governo.

No modelo 2 podemos também trabalhar com os professores de Português, além de História e Geografia. O jogo *Julia's Quest* tem como cenário o Reino Unido, tema que pode ser trabalhado nas aulas de História e Geografia. Em Sociologia, podem-se observar as relações sociais entre os jogadores e entre os alunos, explorando questões de cultura, religião, trabalho, classes sociais etc. A parte linguística pode ser trabalhada nas aulas de Português; os alunos podem ver as semelhanças e diferenças no uso da língua no que diz respeito a dar instruções e nos colocados dos verbos.

[9] *Links* sobre *blogs* estão disponíveis no *site* da editora pelo link: www.macmillan.com.br/tecnologias.
[10] Acesso em 10/12/2011.
[11] Acesso em 10/12/2011.
[12] Acesso em 10/12/2011.

Márcia Regina Boscariol-Bertolino

As narrativas e os RPGs digitais

O RPG (*Role-Playing Game*) é um jogo de representação de papéis, onde todos os participantes, exceto um – denominado Mestre –, escolhem, formam e representam uma personagem dentro de um mundo imaginário (ou não), seguindo algumas regras. Esses jogadores não jogam uns "contra" os outros, e sim, uns "com" os outros. Nesse jogo, o importante não é vencer, e nem sequer competir, mas sim, a diversão, ou seja, o aspecto lúdico do jogo.

Uma das características marcantes do RPG é o fato de ser regido por uma sequência narrativa (ADAM, 1987), muito importante para a continuidade do jogo e para a sobrevivência de alguns personagens, uma vez que pode indicar caminhos e recompensas que possibilitem o sucesso do jogador. Sendo assim, ao ignorar ou não entender o que é dito nas narrativas o narrador do jogo pode "perder vidas" ou deixar de acumular pontos e vantagens. Como esses jogos são veiculados, em sua maioria, em inglês, torna-se importante que os jogadores cuja língua não é o inglês consigam entender os textos para que tenham sucesso e, até mesmo, apreciem melhor a experiência lúdica que o jogo proporciona. Dessa forma, o videogame de RPG pode ser usado em sala de aula como instrumento para motivar o aluno a compreender a língua, visto que com isso ele poderá sair-se melhor no jogo. Há muitas características lúdicas e textuais dos RPGs que podem ser utilizadas no ensino de línguas, já que a língua que se processa nos textos dos RPGs digitais são diálogos com falas cotidianas que possuem em toda a sua extensão a língua em uso e suas características.

Nesta seção, apresentamos atividades que enfocam a observação e o desenvolvimento de uma sequência narrativa dentro de um texto. Podemos considerar como sequência narrativa uma organização que é sustentada por um processo de enredo. Esse processo consiste em organizar os acontecimentos de modo a formar um todo, uma história ou ação completa, com início, meio e fim. Dentro do que consideramos como início, meio e fim, temos algumas fases, que se organizam sucessivamente: fase de situação inicial (exposição ou orientação); fase de complicação (desencadeamento ou orientação); fase de resolução (re-transformação) e fase de situação final[13]. Essas fases da narrativa são trabalhadas ao longo das atividades propostas na seção, também abordando o ensino dos padrões lexicogramaticais utilizados em cada uma das fases.

Como tarefa final, sugerimos a elaboração de um **RPG de Mesa** envolvendo o desenvolvimento de várias partes do jogo. Nesse jogo, os alunos devem salvar o mundo de algum perigo iminente. Para fazê-lo, vão elaborar os seguintes elementos do jogo: o herói, personagens, os mundos do jogo e os diálogos entre os personagens envolvidos.

Ingredientes

- Vídeos do YouTube com trechos de RPGs digitais

---

[13] Labov, W. e Waletzky, J. "Narrative Analysis: oral versions of personal experiences" In: J. Helm (Ed.) *Essays of the verbal and visual arts*. Seattle, University of Washington Press, 1967, pp. 14-44.

- Um programa para salvar os vídeos no computador
- Um programa de análise linguística
- *Download* do programa *Game maker*[14]

Modo de Fazer

1. Baixe todos os programas que precisará utilizar.
2. No YouTube, selecione os vídeos sobre os jogos que serão utilizados. Aqui, como exemplo, sugerimos os vídeos do RPG *Final Fantasy* XIII[15] e *Final Fantasy* X-2[16]. Salve-os em seu computador usando o programa escolhido para salvar vídeos.
3. Baixe o programa *Game maker*.

Rendimento

4 a 5 aulas de 50 a 60 minutos.

As atividades aqui sugeridas têm como objetivo ensinar o aluno a produzir textos de uma sequência narrativa curta através do desenvolvimento dos vários elementos de um jogo de RPG, contribuindo para o seu conhecimento linguístico global.

MODELO DE ATIVIDADE 1

VOCÊ TEM O TEMA MAS NÃO SABE QUAL CONTEÚDO ENSINAR

O tema proposto para o desenvolvimento das atividades é o estudo da caracterização dos personagens, do tempo e do espaço em uma narrativa para RPG Digital.

PRIMEIRA AULA

1 | Aquecendo

Vocês conhecem os videogames e os RPGs? Como são? Quais conhecem? Vamos assistir a alguns vídeos sobre jogos?

---

[14] O programa Game Maker funciona em plataforma Windows e Mac, e está disponível para download em http://www.yoyogames.com/gamemaker (Acesso em 05/12/11). Além do programa sugerido, há outros programas com a mesma função: 1. Engine, disponível para download em http://www.engine001.com/downloads.htm (Acesso em 05/12/11). 2. Action/RPG Maker, disponível para download em http://www.gamefront.com/files/RPG%20Maker%20XP%20103%20Baixakirar/;13883886;/fileinfo.html (Acesso em 05/12/11). e 3. Unreal development kit, disponível para download em http://www.udk.com/ (Acesso em 05/12/11).

[15] http://www.youtube.com/watch?v=AeWXeiKFaGw (Acesso em 05/12/11).

[16] http://www.youtube.com/watch?v=gbugG6mOb-A (Acesso em 05/12/11).

Observem os videogames apresentados e digam aos seus amigos e professor quais vocês já conhecem.

Instruções para o professor: para essa atividade, sugerimos, primeiramente, que os alunos assistam a um trecho de um jogo em que seja possível perceber com clareza algumas das características de uma sequência narrativa. Para isso seria interessante você conversar com seus alunos sobre estas características enquanto apresenta os vídeos de jogos. Podem ser usados alguns vídeos que mostram a história do jogo *Final Fantasy X-2*, previamente gravado por você. Após assistirem ao vídeo, pergunte aos alunos o que conseguiram perceber em termos de linguagem, algumas características que podem ser consideradas típicas de uma narrativa no trecho assistido. (15 MINUTOS)

2 | Discutindo

Pessoal, como os personagens interagem? O que acontece no jogo? Vocês viram como o Mestre narra e guia o jogo?

Instruções para o professor: peça aos alunos que descrevam o que perceberam e escrevam em um cartaz ou no quadro as conclusões a fim de que todos visualizem as características percebidas. Peça aos alunos que anotem em seus cadernos as ideias levantadas para facilitar a consulta na hora de criar o jogo. (15 MINUTOS)

3 | Conhecendo

Pessoal, vamos ver o que mais podemos perceber sobre a narrativa nos jogos? Vamos pensar sobre as perguntas que seguem:

a) O que vocês sabem sobre narrativa?

→ Respostas podem variar.

b) Quais os elementos de uma narrativa?

→ Personagem, tempo, espaço, enredo e narrador.

c) A história é sequenciada ou não?

→ Sim.

d) Como é organizada a história?

→ Em uma sequência de ações.

e) Quando a história ocorre?

→ Não há marcação de tempo.

f) Onde a história ocorre?

→ Em um planeta desconhecido.

Instruções para o professor: explique aos alunos que todo o jogo está baseado em uma narrativa. Explique ou relembre as características que envolvem uma narrativa. Para isso, lembremos que as narrativas contêm cinco elementos: o enredo (que são os acontecimentos, e sem os quais não é possível contar uma história), os personagens (que são quem vive os acontecimentos), o tempo e o espaço determinados nos quais a história se passa e, por fim, é necessária a presença de um narrador — elemento fundamental à narrativa —, uma vez que é ele que transmite a história, fazendo a mediação entre esta e o ouvinte, leitor ou espectador[17]. É importante ressaltar com os alunos o objetivo dessas atividades e, ainda, que seu foco é descrever as

---

[17] http://www2.dbd.puc-rio.br/pergamum/tesesabertas/0410891_06_cap_05.pdf

personagens, o cenário e o tempo da narrativa. Além disso, é importante deixar claro que as atividades possuem um produto final, que será a criação de um RPG de mesa[18] ou Live action[19]. Os alunos elaboram juntos a história (modelo de atividade 2, na página 84), e aqui, neste modelo, fazem a descrição das personagens, das falas das personagens e escrevem os textos explicativos aos jogadores, em inglês, utilizando os padrões mostrados a seguir. (25 MINUTOS)

4 | Explorando

Agora vamos conhecer as características das personagens, ou seja, como as personagens são. Vocês já observaram quais características vocês possuem? Vocês são altos ou baixos? Gordos ou magros? Loiros ou morenos? Que boas atitudes seus melhores amigos possuem? Quais as características negativas dos seus melhores amigos? As personagens das histórias também possuem características que as descrevem e que podem ser positivas e negativas, dependendo do efeito que se quer causar no leitor. Então vamos ver como estas características aparecem em nosso texto?

a) Leiam o texto proposto e grifem de uma cor os nomes das pessoas e as palavras que se referem a elas. Com outra cor, pintem as palavras que exprimem características relacionadas às pessoas que o texto apresenta.

Instruções para o professor: a primeira parte da atividade é feita com um texto em língua materna[20]. Distribua o texto aos alunos e peça, primeiramente, que eles procurem o nome das personagens do texto, os pronomes ou referenciais. Peça que utilizem o lápis de cor e escolham uma cor para marcarem as palavras que se referem às personagens. Em um segundo momento, peça que os alunos localizem e pintem no texto as características físicas, psicológicas e emocionais das personagens utilizando uma cor diferente da utilizada anteriormente. Feito isso, apresente aos alunos duas colunas; na primeira coluna, uma lista de palavras que se referem às personagens, e na segunda coluna as palavras que as caracterizam. Questione os alunos sobre a utilização que as palavras destacadas parecem ter e classifique-as, então, em substantivos ou adjetivos. (20 MINUTOS)

SEGUNDA AULA

5 | Praticando

Vamos aprender a caracterizar as personagens. Quais características suas personagens possuem? Vamos aprender os adjetivos e substantivos em inglês para criarmos nossas personagens? Observem o texto, encontrem palavras que acreditam ser características de alguém e anotem em seus cadernos. Nós também vamos usar o dicionário.

Instruções para o professor: distribua cópias do texto narrativo[21], em inglês, aos alunos. A proposta é que os alunos, organizados em duplas ou trios, consigam encontrar no texto em inglês os substantivos, adjetivos e os pronomes, da mesma forma que fizeram nos textos escritos em Língua Portuguesa. Liste no quadro ou digite em um editor de texto (Word, Br-Office, por exemplo) as palavras encontradas. (15 MINUTOS)

---

[18] Mais informações em http://www.rpgonline.com.br/dicas_de_rpg.asp?id=76 (Acesso em 05/12/11).

[19] Mais informações em http://pt.wikipedia.org/wiki/Live_action_%28RPG%29 ou http://www.rederpg.com.br/portal/modules/news/index.php?storytopic=30 (Acesso em 05/12/11).

[20] Sugestão de textos: *Retrato*, de Cecília Meireles, disponível em http://www.casadobruxo.com.br/poesia/c/retrato.htm (Acesso em 05/12/11), Trecho de *Policarpo Quaresma*: http://www.ig.com.br/paginas/novoigler/livros/triste_fim_policarpo_lima_barreto/parte1_cap3.html (Acesso em 05/12/11).

[21] Trecho de *Little mermaid*: http://www.eastoftheweb.com/short-stories/UBooks/LitMer.shtml (Acesso em 05/12/11). Trecho do conto *A dragon rock*: http://www.eastoftheweb.com/short-stories/UBooks/DragRock.shtml (Acesso em 05/12/11).

DICA: você pode criar uma ficha a ser preenchida pelos alunos sobre as personagens. É importante que os alunos ou o grupo elaborem uma apresentação das personagens criadas; para isso, você pode trabalhar com os padrões propostos e apresentar um modelo para a apresentação dessas personagens.

6 | Desenvolvendo

Agora é a sua vez! Vamos criar as personagens do nosso jogo? Como suas personagens serão fisicamente? Altas ou baixas? Gordas ou magras? Simpáticas ou rabugentas? Vamos dar uma olhada na lista abaixo e juntar com a nossa para termos um bom número de exemplos. Soltem a imaginação e criem mais características para as suas personagens.

Instruções para o professor: nesta atividade, o aluno ou o grupo deverá criar as personagens, assim como suas características. Para a criação das personagens, sugira aos alunos que desenhem as personagens e depois escaneiem as imagens. Outra sugestão é a caracterização das personagens, que pode ser feita por meio de pôsteres; ou as personagens podem ser criadas em *sites* da Internet (Yahoo Avatar[22], Buddy Poke[23], entre outros). Pode-se ainda sugerir que a caracterização seja feita em papel, ou máscaras e roupas se for "live action". Então apresente aos alunos o grupo de padrões a seguir, peça que comparem com a lista feita no quadro a partir do texto que foi trabalhado e estimule-os a trabalhar em seus personagens usando as duas listas. (30 A 40 MINUTOS)

Exemplos:

a) Padrões sobre características:

He/she has blue eyes.	Padrão: have a/an + adjective + noun
She has a bag.	Padrão: have/has a/an + noun
He/she likes apples.	Padrão: he/she likes...

b) Padrões que sugerem habilidades:

John can swim.	Padrão: subject + can...
Mary has a lot of courage.	Padrão: subject + have/has + a lot of + human characteristics

c) Padrões que sugerem a apresentação de amigos e inimigos da personagem:

He has a friend called John.	Padrão: he has a friend...
This is his friend Ken.	Padrão: This is his friend...

d) Padrões que sugerem uma missão a cumprir:

Ken has to go flying over the sea.	Padrão: subject + have/has to + go + verb -*ing*
Ken has to go away.	Padrão: subject + have/has to + action verb

7 | Pesquisando

Para casa – Pessoal, em casa vamos terminar a ficha e os desenhos para apresentarmos na próxima aula. Pesquisem em outros jogos (na Internet ou em manuais) outras características que queiram dar a suas personagens.

---

[22] http://br.avatars.yahoo.com/

[23] www.buddypoke.com

TERCEIRA AULA

8 | Apresentando ao grupo

Agora vamos mostrar uns aos outros o herói que criamos.

Instruções para o professor: peça aos alunos que tragam suas fichas com o desenho da personagem e leia com eles para que aprendam a pronúncia das palavras e possam apresentar a personagem sozinhos depois. (15 MINUTOS)

9 | Conhecendo

Agora vamos ver como podemos criar os mundos nos quais acontecem as fases do jogo!

Instruções para o professor: nesta atividade, os alunos têm como missão a criação de um mundo; para isso, podem utilizar os mesmos *softwares* sugeridos para a criação do *game*, ferramenta *cenário*. Depois do cenário pronto, passe para a atividade 9, para que os alunos aprendam a descrever o mundo criado. (15 A 20 MINUTOS)

10 | Explorando

Como vocês imaginaram o cenário do seu jogo? Vamos aprender a falar sobre o cenário que vocês criaram? Observem os exemplos que seguem e vamos pensar em mais alguns.

Instruções para o professor: apresente aos alunos os padrões referentes às falas das personagens, e que mais tarde podem ser usados para indicar os caminhos que a personagem deverá tomar para ser capaz de cumprir as tarefas solicitadas em cada fase do jogo. Os alunos devem mencionar quando e onde a história ocorrerá. Além disso, eles devem descrever as etapas e missões a serem cumpridas pelas personagens. Como o jogo tem três fases pelas quais as personagens passam, a atividade consiste ainda na criação dessas três fases. Após trabalhar com os padrões sugeridos, pergunte que outras características poderiam ser usadas e, com a ajuda de um dicionário (o dicionário pode ser usado por você e pelos alunos), anote no quadro, em inglês, as sugestões dos alunos. **Sugestão**: a missão final pode ser a de salvar o mundo do *Global Warming*. (10 MINUTOS)

Exemplos de padrões para descrever a criação dos mundos (fases do jogo):

a) This is the Green Viena. Padrão: This is + adjective + noun
b) It is in Brazil. Padrão: It is in + place + country/state/city
c) It's in trouble. Padrão: It is in + situation
d) It has trees. Padrão: It has + something
e) There is a cat. Padrão: There is + article + animal
f) Have a look at the soldier. Padrão: Have a look at + article + someone
g) Have a look around desert. Padrão: Have a look around...

QUARTA AULA

11 | Apresentando ao grupo e discutindo

Agora vamos ver os mundos que criamos e discutir quais vamos usar no jogo e em que ordem.

Instruções para o professor: peça aos alunos que tragam suas anotações sobre os mundos que criaram e leia com eles, para que aprendam a pronúncia das palavras e possam falar sobre os caminhos e direções sozinhos depois. (15 MINUTOS)

12 | Desenvolvendo e praticando

Vamos elaborar as fases da história com um final coletivo que servirá como guia para o jogo?

Instruções para o professor: para a elaboração do final da história, a sala pode ser dividida em grupos, sendo que cada grupo vai criar uma fase diferente para a história e mostrar para a sala. Para isso, trabalhe novamente com o texto utilizado na atividade 4 e encontre alguns padrões lexicogramaticais que podem ser usados para criar as fases da narrativa: situação inicial (exposição ou orientação), complicação (desencadeamento ou orientação), resolução (re-transformação) e situação final (o final da história), durante aproximadamente 20 minutos. Realizados os exercícios com os padrões, deixe o restante da aula para que escrevam a história. Na aula seguinte, faça com eles a leitura (como nas atividades 8 e 11) e estimule-os a jogar. (35 A 40 MINUTOS)

MODELO DE ATIVIDADE 2

VOCÊ TEM O CONTEÚDO E O TEMA, MAS NÃO SABE QUAL *GAME* USAR E COMO USÁ-LO

Vamos imaginar que precisamos ensinar os alunos a ler e produzir textos de uma sequência narrativa, sejam eles orais, escritos ou multimodais. Para tal, precisamos que eles sejam capazes de identificar as fases de uma sequência narrativa e, por fim, utilizar alguns padrões lexicogramaticais encontrados nos RPGs Digitais em uma narrativa curta, para produzir e compreender este tipo de texto. É interessante que o tema proposto envolva temas transversais, como saúde, aquecimento global etc. Como produto final, sugerimos a criação de um vídeo ou um videogame.

PRIMEIRA AULA

1 | Aquecendo

Vamos conhecer os videogames e descobrir como usar a linguagem que aparece nele? Vamos fazer uma lista dos jogos que vamos observar?

Instruções para o professor: você ou os alunos trarão videogames (plataforma e jogos) para a sala de aula para conhecimento e visualização do objeto de estudo. É importante que os alunos saibam o que é uma plataforma[24] e quais plataformas existem. Separe um momento da aula para permitir que os próprios alunos apresentem aos colegas o que conhecem. Traga à sala de aula diversos jogos, a fim de que o aluno amplie seu repertório de conhecimento de vários tipos de jogos. O objetivo desta atividade é desenvolver no aluno a percepção de quais são os diferentes gêneros de videogames existentes no mercado, para ensinar, posteriormente, quais jogos possuem ou não uma sequência narrativa. Você pode permitir que os alunos joguem na sala de aula ou apenas mostre vídeos que ilustrem alguns dos vários tipos de videogames. Depois da visualização e da brincadeira, peça aos alunos que elaborem uma lista coletiva sobre os diferentes tipos de jogos existentes. (20 MINUTOS)

---

[24] O termo "Plataforma" refere-se à combinação específica eletrônica ou de *hardware*, que, em conjunto com o *software*, faz com que o videogame funcione. Um outro termo muito usado é "sistema". Disponível em http://pt.wikipedia.org/wiki/Videogame, acesso em 15/11/2011.

2 | Discutindo

Agora é a hora de conversarmos sobre o que vamos aprender com estes jogos. Vamos ler um texto sobre jogos e gostaria que vocês observassem o seguinte:

a) Qual o assunto do texto?

b) Que tipo de texto vocês acham que estão lendo?

c) Como chegaram a essa conclusão? Quais características do texto fizeram vocês chegarem a essa conclusão?

Instruções para o professor: levante com os alunos o conhecimento e experiências que possuem sobre este tipo de texto[25] e peça que eles falem sobre os games de que mais gostam. Faça comparações oralmente sobre esse tipo de texto e outros, o que há de semelhante e diferente. Encaminhe os alunos à sala de vídeo ou à sala de informática para assistirem ao(s) vídeo(s) sobre os videogames a serem estudados. Assim, primeiramente os alunos vão assistir ao vídeo sobre o jogo Final Fantasy X-2[26]. **Sugestão:** outros vídeos também podem ser utilizados[27]. A utilização do vídeo é interessante porque apresenta, resumidamente, toda a sequência narrativa do jogo de uma só vez, o que possibilita uma maior percepção pelos alunos, já que no videogame seria necessário que eles passassem por todas as fases para obterem essa percepção, o que levaria muito tempo em relação ao disponível nas aulas. (20 MINUTOS)

3 | Explorando

Vamos ver como a narrativa do jogo acontece? Por que ela é importante? Que linguagem aparece nas narrativas?

Observem o texto proposto e tentem identificar:

a) Quem são as personagens?

b) Onde a história acontece?

c) Quando a história acontece?

d) Em que momentos acontecem o início, o meio e o fim da história?

e) Conversem com o professor e os amigos e apresentem para a classe suas conclusões.

Instruções para o professor: distribua as questões acima aos alunos ou escreva-as no quadro. Nesse momento é importante que o aluno faça uma reflexão sobre o seu conhecimento prévio do tipo de texto estudado. Anote as concepções dos alunos no quadro e faça uma reflexão com o grupo sobre as conclusões dos alunos, discutindo sobre o que é pertinente e o que consideram equivocado nas respostas. (10 A 15 MINUTOS)

SEGUNDA AULA

4 | Retomando e refletindo

Vamos estudar a sequência narrativa? Conforme o que vocês discutiram com os colegas sobre o texto observado, quais as características de uma narrativa? Vamos responder a algumas questões e pensar sobre elas:

---

[25] Sugestões: http://gtds.net/games/rpg/ e http://www.infoescola.com/redacao/tipos-de-textos-narrativos/

[26] http://www.youtube.com/watch?v=gbugG6mOb-A (Acesso em 06/12/11).

[27] http://www.youtube.com/watch?v=qekgsaYXvgE (ZELDA) (Acesso em 06/12/11).

a) O que vocês conseguem perceber que ocorre na história? As ações que ocorrem na história apresentam uma sequência/conexão ou trata-se de fatos soltos e isolados?

b) Como começa a história? Como a história se desenrola? Como a história termina?

c) Quem participa da história? Como é o comportamento dos participantes da história? Como as personagens se vestem? Por que estão vestidas assim?

d) Quando a história acontece? Onde a história acontece?

Instruções para o professor: escreva as questões acima no quadro e converse com os alunos anotando as respostas. (10 A 15 MINUTOS)

5 | Discutindo

Vamos descobrir um pouco mais sobre as narrativas? Discutam, comparem e anotem. Organizem-se em trios ou grupos e tentem identificar cada fase da sequência narrativa no texto estudado para apresentar aos colegas e ao professor suas conclusões. Para isso utilize as anotações do quadro e a seguinte explicação:

Toda sequência narrativa possui 5 fases: situação inicial, complicação, ações, resolução e situação final.

Instruções para o professor: neste primeiro momento, o objetivo é fazer com que os alunos compreendam que toda narrativa possui uma sequência lógica e que existem características e fases que compõem a sequência narrativa. Essas questões podem ser apenas discutidas ou você pode distribuir um impresso com as questões aos alunos. (30 A 40 MINUTOS)

TERCEIRA AULA

6 | Pesquisando e praticando

Vamos ver como podemos escrever em inglês sobre cada fase da narrativa?

Instruções para o professor: dê cópias aos alunos de alguns agrupamentos de palavras que formam padrões e estude-os com os alunos, pedindo que pesquisem no texto que possuem se há padrões semelhantes. Para a produção de textos representativos das fases da sequência narrativa, os alunos vão recorrer aos exemplos estudados nesta aula e em aulas anteriores: o primeiro exemplo é o que assistiram nos vídeos, e o segundo é o da sequência narrativa estudado nas atividades 3, 4 e 5. Crie um ou dois exercícios com os padrões sugeridos a seguir para que os alunos pratiquem um pouco mais. (30 MINUTOS)

Exemplos:

Situação Inicial:

There is a boy here!	Padrão: There is + person + place adverb there is + nothing
This is a gun!	Padrão: This is a/an + noun
It is in the box.	Padrão: It is in + place
It's in danger.	Padrão: It's in + situation
You can help me.	Padrão: You + can + help + someone

Complicação, ações e resolução:

Have a wonderful day!	Padrão: Have a/an + adjective + noun

He/she likes me!	Padrão: He/she likes someone
Doris can run!	Padrão: Subject + can + do something
Amanda has to go flying.	Padrão: subject + have to go + verb *-ing*

Situação final:

Have a look at Ken.	Padrão: Have a look at + someone!
All I can do is to say good bye.	Padrão: All I can do is to + verb

7 | Praticando

Vamos começar a escrever pequenos textos para cada uma das fases da narrativa?

Instruções para o professor: para que a aprendizagem destes padrões se efetive, sugerimos que os alunos elaborem, individualmente, cada fase da preparação do texto. Por dois motivos: primeiro, para o aluno vivenciar a criação de todas as fases; e, segundo, para facilitar a correção da escrita dos alunos. As correções poderão ser realizadas individual e/ou coletivamente, podem ser feitas por você ou até por outros alunos. Após a correção, você deve incentivar os alunos a reescreverem o texto e lembrá-los sobre a criação dos diálogos. (30 MINUTOS)

QUARTA AULA

8 | Praticando

Vamos criar um RPG? Quem serão as personagens do seu texto? Onde a história acontecerá? Quando acontecerá?

Para começar, vocês deverão elaborar as personagens das histórias; além disso, decidam em que lugar (espaço) e em que época (tempo) ocorrerão as histórias.

Instruções para o professor: deixe que os alunos criem e imaginem as personagens, o espaço e o tempo dos textos que vão criar e tomem nota. Ajude-os com o vocabulário para descrever as personagens. (15 A 20 MINUTOS)

9 | Desenvolvendo

Vamos elaborar uma narrativa curta que nos ajude a jogar?

Após a análise dos vídeos e textos com RPGs digitais, chegou a hora de vocês criarem seus textos, tendo como parâmetro as cinco fases da sequência narrativa[28] estudada.

Instruções para o professor: para que os alunos elaborem a narrativa você pode sugerir alguns temas, de preferência que tenham a ver com a realidade dos alunos. Peça que anotem no caderno e vá corrigindo aos poucos. Avise que o texto será utilizado na aula seguinte para a criação do jogo. (20 A 30 MINUTOS)

---

[28] ADAM (1987).

QUINTA AULA

10 | Explorando

Vamos conhecer o programa que criará seu videogame!

Nesta aula vamos conhecer o programa *Game Maker*. Prestem bastante atenção, pois vamos precisar das informações para montar os jogos!

Instruções para o professor: agora que os alunos já têm o texto pronto e corrigido, sugerimos a utilização do software *Game Maker*[29], para que eles criem um RPG digital baseado no texto escrito na aula anterior. Primeiramente, você deverá baixar o programa e depois demonstrá-lo aos alunos. Talvez seja necessário mais de uma aula para que haja uma apresentação e conhecimento da utilização do programa pelos alunos. (25 MINUTOS)

> **DICA:** o programa deverá estar instalado em todas as máquinas. Se isso não for possível, outra opção é montar uma apresentação (em MS-PowerPoint ou outros), mostrando as ferramentas e utilização do programa aos alunos.

11. | Praticando

Vamos montar os videogames?

Chegou a hora da tarefa final! Agora, vamos transformar as histórias que vocês criaram em um videogame.

Instruções para o professor: Sugestão 1 – Leve os alunos à sala de informática. Assim começará a criação das fases do programa. Sugestão 2 – Se a escola não possuir laboratório ou sala de informática, propomos que os alunos elaborem um vídeo, utilizando filmadora ou máquina fotográfica digital, celulares etc., que contemple a história criada e simule, em alguns momentos, a luta ou interação entre as personagens. O vídeo criado poderá ser postado no YouTube. Sugestão 3 – Se os alunos preferirem, podem criar uma apresentação (em MS-PowerPoint ou outros) ou um cartaz, mostrando a história. Sugestão 4 – Os alunos podem reproduzir o texto criado em mangá ou história em quadrinhos e apresentar aos outros alunos. Nesse caso, o material utilizado seria apenas folhas de sulfite, lápis preto e lápis de cor, o que facilita e torna acessível a realização da atividade a todos os alunos, mesmo os que não possuem acesso aos recursos tecnológicos. (25 MINUTOS)

> **DICA:** a história deverá ser ilustrada.

12. | Avaliação do processo.

Instruções para o professor: os alunos vão avaliar o que aprenderam ao longo do processo de desenvolvimento das atividades e em que estas os ajudaram no aprendizado de inglês. (10 MINUTOS)

ACOMPANHAMENTOS

Trabalhando interdisciplinarmente

No modelo 1, podemos trabalhar com professores de Língua Portuguesa, uma vez que a apresentação das personagens e dos mundos trata de gêneros textuais específicos e que podem ser trabalhados nas aulas dessa disciplina. Ainda nessas aulas podemos trabalhar os gêneros textuais que aparecem nos RPGs Digitais e levantar alguns aspectos característicos destes gêneros nesse

---

[29] Disponível para *download* gratuitamente em http://ultradownloads.com.br/download/Game-Maker/ (Acesso em 05/12/11).

veículo. Há também a possibilidade de trabalhar com leitura e oralidade, uma vez que, ao apresentar para a sala sua criação, o aluno deve saber como chamar a atenção dos ouvintes, qual a entonação a ser utilizada etc. Outra sugestão é o trabalho com os professores de Geografia e História. Os alunos necessitarão de dados geográficos e históricos, tanto para elaborar e caracterizar as personagens quanto para montar os cenários e as fases dos jogos, situando-os no tempo e no espaço. O professor de Arte pode trabalhar a parte gráfica e estética, tanto na criação das personagens, quanto das fases sugeridas ao longo do jogo. O professor de Educação Física e de Arte pode ajudar os alunos que optaram pelo RPG *Live Action* a perceber a postura em palco, movimentos corporais e faciais para simular situações. Os professores da área de Ciências Naturais (Ciências, Biologia, Física e Química) podem explicar aos alunos as causas e efeitos do *global warming* ou outros temas que podem ser utilizados no jogo.

No modelo 2, podemos contar com a parceria dos professores de Língua Portuguesa, para que sejam analisados alguns outros textos, de diferentes gêneros textuais que possuam predominantemente a sequência narrativa. Assim, poderá ser feita a análise das fases da sequência narrativa em vários textos. Os professores de Filosofia e Sociologia podem contribuir mostrando como a sociedade entendia e administrava determinados problemas de acordo com a época, para mostrar aos alunos como as personagens deles teriam que agir. O professor de História pode situar os alunos abordando temas interessantes em diferentes épocas da humanidade, quais eram as angústias e alegrias dos seres humanos desses períodos, incentivando-os a diferenciar as fases do jogo a ser elaborado. O professor de Arte poderá ajudar os alunos na elaboração da tarefa final, em que os alunos montarão as diferentes fases do jogo, ajudando-os a organizar o cenário dos jogos. Em Geografia, é possível estudar o clima e suas variações para a elaboração das fases do jogo. Por exemplo, ao elaborar um cenário chuvoso, como estará o céu, a vegetação etc. Os professores de Ciências Naturais, juntamente com o professor de Geografia, podem estudar com os alunos os fenômenos naturais e como isso pode influenciar no cenário.

PARA SABER MAIS (+)

ADAM, J.M. Types de séquences textuelles élémentaires. *Pratiques* n. 56, déc. 1987.

GEE, J. P. *What video games have to teach us about learning and literacy*. New York: Palgrave/Macmillan, 2003.

GEE, J. P. Bons videogames e boa aprendizagem. In: *Perspectiva*, Florianópolis, v. 27, n. 1, 167-178, jan./jun. 2009. Disponível em: http://www.perspectiva.ufsc.br/perspectiva_2009_01/James.pdf. (Acesso em outubro de 2011).

Tony Berber Sardinha

Gêneros do mundo dos *games*

Há uma grande gama de textos e conteúdos que podem ser explorados ao utilizarmos jogos para ensinar; podemos trabalhar, por exemplo, com diferentes gêneros para entender os jogos, ler instruções e escolher personagens. Uma das características mais marcantes do mundo dos videogames é que há um grande conjunto de gêneros que dão suporte ao praticante. Gênero é o nome que damos a um tipo de texto, falado, escrito, ou multimídia, convencionalizado socialmente, que tem propósito, forma, contexto de produção, conteúdo e usuários mais ou menos definidos e estáveis. Videogame é um gênero: seu propósito é divertir, desafiar, compartilhar, passar o tempo etc.; seu conteúdo são desafios, mensagens textuais, visuais e faladas, muitas vezes em forma de narrativa (vide seção anterior) etc.; os usuários são pessoas interessadas em jogar, muitas vezes jovens ligados em informática etc.

Neste capítulo, portanto, propomos a criação de atividades (com exemplos) nas quais as instruções para lidar com os jogos podem ser exploradas em diversos aspectos. Há numerosas vantagens em trabalhar gêneros com videogames como forma de atividade social, mas a principal talvez seja a oportunidade de enfocar um grande número de gêneros de forma divertida e estimulante. Além disso, é bem provável que os alunos levem o conhecimento construído na aula para fora da escola e, ao mesmo tempo, tragam para a sala de aula aquilo que conhecem fora dela. É uma grande oportunidade de tornar o aprendizado de língua estrangeira mais sincronizado com o mundo "real".

Estas atividades têm como objetivo contribuir para a aprendizagem e compreensão de expressões idiomáticas que possam capacitar o aluno de inglês para agir no mundo, interagir e realizar atividades.

Ingredientes

- Um programa para análise linguística[30]
- Um programa para baixar vídeos[31]
- Textos sobre o jogo e/ou o tema, em formato .txt[32]
- Vídeos do YouTube sobre os jogos
- Sites de jogos[33]

Modo de Fazer

1. Baixe os programas que precisará utilizar seguindo as instruções dos *sites*.

---

[30] Para detalhes sobre programas de análise linguística, consulte o *site* da editora pelo *link* www.macmillan.com.br/tecnologias.
[31] Para detalhes sobre programas para baixar vídeos, consulte o *site* da editora pelo *link* www.macmillan.com.br/tecnologias.
[32] Os textos de instruções podem ser obtidos nos *sites* sugeridos na página 130.
[33] Algumas sugestões de *sites* estão disponibilizadas na página 130.

2. Acesse a Internet utilizando seu navegador habitual, selecione os textos que dão instruções sobre os jogos e salve-os em formato .txt (texto sem formatação, para que possam ser "lidos" pelo programa de análise).

Rendimento

Aproximadamente 1 a 2 aulas (de 45 minutos a 1 hora cada) para cada modelo de atividade.

As atividades apresentadas nesta seção têm como objetivo ensinar expressões idiomáticas e aprimorar a leitura dos alunos de inglês utilizando videogames e textos instrucionais.

MODELO DE ATIVIDADE [34] 1

VOCÊ TEM O TEMA E/OU O JOGO, MAS NÃO SABE QUAL CONTEÚDO ENSINAR

Para esta atividade não escolhemos um título de jogo em particular. Ao contrário, a ideia é envolver os alunos no processo de seleção de um jogo. Em seguida, selecionamos diversos textos sobre o jogo e os salvamos em arquivos em formato .txt.

PRIMEIRA AULA

1 | Aquecendo

Vamos conversar sobre todas as atividades envolvidas na simples escolha, compra e uso de um videogame? Como vocês escolhem qual jogo comprar ou como encontrá-lo? Como vocês aprendem a jogá-lo?

Instruções para o professor: converse com a turma sobre jogos, que tipos há, quais são os preferidos, em quais plataformas, como eles os escolhem e quais *sites* usam para obter informações sobre os jogos. Anote as respostas no quadro. (10 MINUTOS)

2 | Discutindo

Hoje vamos ver como podemos escolher um *game* usando *sites* em inglês.

Instruções para o professor: peça aos alunos para entrarem em *sites* de jogos. Explique aos alunos que há muitos gêneros envolvidos na atividade de jogar videogames, como por exemplo:
- *Bestiary*: texto sobre os inimigos encontrados em um jogo.

---

[34] Os vídeos, textos e atividades aqui propostos para estes modelos estão disponíveis no *site* da editora pelo *link*: www.macmillan.com.br/tecnologias. Também há algumas sugestões na página 130.

- *Let's play*: vídeo postado na Internet que mostra um *expert* jogando.
- *Walkthrough*: texto bastante detalhado sobre um determinado jogo.
- *Review*: texto com a opinião de jogadores sobre um jogo.
- *Video review*: idem, porém com vídeo.
- *Forum*: *site* de discussão sobre jogos.

3 | Explorando

Vamos dar uma olhada em um trecho de um *review* do jogo *Super Mario Galaxy2* e ver que tipo de informação encontramos? Enquanto vocês leem vamos prestar atenção e tentar responder a algumas perguntas.

1. The text is an example of a genre typical of the world of videogames. Do you recognize it? Did you ever use it?
   ↪ Respostas podem variar.

2. What name do you think this genre has, if any?
   ↪ Review.

3. Preview the genre and work on these issues in groups.
   a) What's its purpose?
      ↪ Criticize, recommend a videogame.
   b) On what media is it conveyed?
      ↪ Magazine or newspaper.
   c) Who has access to it?
      ↪ The general public, buyers of videogames.
   d) Where is this produced? Under what circumstances?
      ↪ At an advertising agency, at the newspaper.
   e) Who produces it?
      ↪ Experts.
   f) Who is the intended audience?
      ↪ Fans of videogames, buyers.
   g) How can you have access to it?
      ↪ By buying the magazine/newspaper.
   h) Have you ever produced an exemplar of that genre? If so, explain. If not, why not?
      ↪ Respostas podem variar.

4. Have a look at the text and detect its main parts, then fill out the form below:
   ↪ Respostas podem variar.)
   a) Part 1:
      I. Purpose:
      II. Information presented:
      III. Importance to you as a reader:
   b) Part 2:
      I. Purpose:
      II. Information presented:
      III. Importance to you as a reader:
   c) Part 3, 4, etc. (as many as needed):
      I. Purpose:
      II. Information presented:
      III. Importance to you as a reader:

Now that you read the review, how did it match your expectations and the knowledge you already had about the game? Did the text present new/old/contradictory information about the game to you? → Respostas podem variar.

Instruções para o professor: dê uma cópia de um excerto como o sugerido acima e peça que os alunos respondam as perguntas referentes ao texto. Estas atividades podem ser feitas em português ou inglês conforme a necessidade. (15 A 20 MINUTOS)

4 | Pesquisando

Bom, para escolhermos um jogo primeiramente precisamos descobrir como o jogo é. Para obter informações sobre os jogos é interessante ler *reviews*. Portanto, precisamos pesquisar várias *reviews* de jogos para sabermos se vale a pena termos esse jogo. Hoje vamos buscar informações sobre jogos novos para diversas plataformas (aquelas que lhe interessem). Vamos ver o que encontramos?

Instruções para o professor: no laboratório de informática, instrua os alunos a levantar títulos de jogos de interesse para eles. Em seguida, peça que eles busquem resenhas que falem sobre os jogos propostos. Então peça que incluam em "favoritos" para ler mais tarde e também que enviem a seus e-mails para usar na lição de casa. (5 A 10 MINUTOS)

DICA: para garantir que os alunos encontrem textos interessantes e que você conheça, pesquise com antecedência e sugira alguns *sites* aos alunos. Caso você não possa usar o laboratório de informática, faça cópias do texto (prefira o formato original) e as distribua entre alunos.

5 | Explorando

Há muitos gêneros envolvidos na prática social de jogar videogame. Explore essa variedade com seus alunos. Comece perguntando a eles quais informações eles buscam, em quais *sites*, e parta daí para identificar e nomear os gêneros.

6 | Pesquisando

Agora é hora de usarmos a lição de casa em uma pesquisa aqui na nossa sala. Vamos perguntar uns aos outros sobre a pesquisa que fizemos para saber quais jogos o pessoal conhece e como eles os avaliam, escolhem e compram?

Instruções para o professor: peça que os alunos circulem pela classe e perguntem aos colegas sobre suas pesquisas. Os alunos devem anotar o que encontraram de diferente e marcar o número de vezes que encontram jogos ou opiniões sobre os jogos iguais. Depois disso, podem falar sobre suas descobertas (em português ou inglês, de acordo com o nível da turma). (15 A 20 MINUTOS)

DICA: muitas vezes o nome do gênero está no próprio *site* ou mesmo no texto. Por exemplo, *reviews* é o nome que identifica os textos de resenha de jogos e também é o nome do gênero. Mas note que os gêneros evoluem, mudam de nome, de aparência e podem até desaparecer por completo. Por isso, é sempre bom partir dos alunos, pois eles estão sempre atualizados em relação ao tema!

▶▶▶ MODELO DE ATIVIDADE 2

VOCÊ TEM O CONTEÚDO E O TEMA, MAS NÃO SABE QUAL *GAME* USAR E COMO USÁ-LO

Ingredientes

- Um programa para análise linguística[35]
- Um programa para baixar vídeos[36]
- Textos sobre o jogo e/ou o tema, em formato .txt[37]

---

[35] Para detalhes sobre programas de análise linguística, consulte o *site* da editora pelo *link* www.macmillan.com.br/tecnologias.

Gêneros do mundo dos games

- Vídeos do YouTube sobre os jogos
- Sites de jogos[38]

Modo de Fazer

1. Baixe os programas que precisará utilizar seguindo as instruções dos *sites*.
2. Acesse a Internet utilizando seu navegador habitual, selecione os textos que dão instruções sobre os jogos e salve-os em formato .txt (texto sem formatação, para que possam ser "lidos" pelo programa de análise). Em nossa atividade escolhemos trabalhar com textos sobre o jogo *Super Mario Galaxy*.
3. Utilize o programa para análise dos textos escolhidos para selecionar os conteúdos relevantes. Nas atividades sugeridas aqui, utilizamos o concordanciador *AntConc*.
4. Em *Wordlist*, selecionamos as palavras mais frequentes dentre os adjetivos, substantivos e verbos, como por exemplo: *Mario*, *can*, *player*, *character*, *level*, *appears*, entre outras.
5. Para encontrar as expressões formadas por estas palavras, utilizamos as ferramentas *Clusters* (agrupamentos), e *Concordance* (concordância).
6. Analisamos os agrupamentos de palavras e verificamos as concordâncias pertinentes, pensando nas atividades sociais nas quais os alunos poderiam usá-las. Com a ferramenta *Clusters*, encontramos: *next level*, *time your jumps*, *without penalty* etc.
7. A ferramenta *Concordance* foi usada para interpretar os significados das expressões encontradas e para a seleção de exemplos para os alunos.

PRIMEIRA AULA

1 | Aquecendo

Vamos aprender algumas expressões em inglês usadas para jogar videogame? Que expressões vocês acham que são importantes? Em que gêneros elas aparecem? O que significam?

Instruções para o professor: converse com a turma sobre a linguagem dos videogames. Estimule-os para que se lembrem de algumas expressões que remetam aos próprios jogos ou a gêneros que falem sobre jogos. Anote as respostas no quadro. (10 MINUTOS)

2 | Discutindo

Hoje vamos enfocar a linguagem dos diversos gêneros ligados ao mundo dos *games*.

Instruções para o professor: baixe alguns textos de gêneros relacionados a videogames, pelo menos três de cada gênero. Salve cada gênero em uma pasta diferente. Cada pasta torna-se, assim, um corpus. Para cada corpus, analise a linguagem como descrito nos itens 3 a 7 do "Modo de fazer".

---

[36] Para detalhes sobre programas para baixar vídeos, consulte a página 130 e/ou o *site* da editora pelo *link* www.macmillan.com.br/tecnologias.

[37] Os textos de instruções podem ser obtidos nos *sites* sugeridos na página 130.

[38] Algumas sugestões de *sites* estão disponibilizadas na página 130.

3 | Discutindo

Vocês conhecem as expressões a seguir?

Time your jumps	clear the level	boss fight
be chased by	defeat the enemies	move forward
run out of time	without penalty	next level

Instruções para o professor: escreva no quadro as expressões acima e faça perguntas aos alunos para ajudá-los a inferir o significado. Quando estiverem com dificuldade, você pode pedir que consultem um dicionário ou, se estiverem no laboratório, que pesquisem na Internet os possíveis usos e significados dessas expressões. (10 A 15 MINUTOS)

4 | Discutindo

Peça aos alunos que tentem identificar em qual gênero ou gêneros tais expressões são usadas mais comumente, marcando um X entre *Yes* e *No*, ou em *"Sorry, I don't know"*, caso não saibam.

Bestiary:	( ) Yes	( ) No	( ) Sorry, I don't know
Let's play:	( ) Yes	( ) No	( ) Sorry, I don't know
Walkthrough:	( ) Yes	( ) No	( ) Sorry, I don't know
Review:	( ) Yes	( ) No	( ) Sorry, I don't know
Video review:	( ) Yes	( ) No	( ) Sorry, I don't know
Forum:	( ) Yes	( ) No	( ) Sorry, I don't know
The game itself:	( ) Yes	( ) No	( ) Sorry, I don't know
Other [Which: _____]:	( ) Yes	( ) No	( ) Sorry, I don't know

5 | Pesquisando

Para casa — Pessoal, entrem na Internet, encontrem essas expressões e verifiquem em que gênero ocorrem e o que significam.

Instruções para o professor: peça que façam a tarefa e procurem anotar a informação de modo organizado, em uma tabela, por exemplo.

6 | Explorando

Vamos voltar aos textos que vocês encontraram e ver se achamos estas expressões lá?

Instruções para o professor: peça aos alunos que relatem seus achados. (5 A 10 MINUTOS)

7 | Explorando

Bom, agora que já sabemos mais sobre os jogos, vamos explorar um pouco mais as expressões que encontramos nestes textos?

Instruções para o professor: mostre alguns exemplos das expressões e das frases em que aparecem. (10 MINUTOS)

DICA: esta atividade pode ser melhor desenvolvida se trabalhada em duplas ou trios, pois os alunos podem comparar o que encontraram.

8 | Praticando

Leia os seguintes trechos de textos sobre games e complete os espaços com as expressões:

a) <u>Time your jumps</u> correctly and you'll be able to safely move up and to the right.
b) Catch bonuses to be able to use their power to help <u>clear the level</u> quicker and easier.
c) I'd consider the whole final level of this game to be a <u>boss fight</u>.
d) You'll need to be quick, and also careful not to <u>be chased by</u> the ghosts.
e) You have to <u>defeat the enemies</u> and get coins.
f) Use your Left and Right arrow keys to <u>move forward</u> and backward.
g) If you're not quick enough, you'll <u>run out of time</u>!
h) Take as much time as is needed to solve a puzzle <u>without penalty</u>.
i) You make it there alive, you progress to the <u>next level</u>.

Instruções para o professor: acima estão alguns exemplos das expressões e das frases em que aparecem. As respostas da atividade estão sublinhadas. (10 MINUTOS)

9 | Vamos jogar?

Instruções para o professor: acesse um vídeo "Let's play" no YouTube. Peça aos alunos que assistam a esse vídeo e prestem atenção às dicas dadas sobre como completar os níveis, derrotar os inimigos etc. Ajude-os a entender o que está sendo mostrado. Em seguida, os alunos apresentarão algumas dessas dicas oralmente para a classe, comentando se as acham importantes, se já as conheciam, se o jogador mostrado é realmente bom etc. (30 A 40 MINUTOS)

Trabalhando interdisciplinarmente

ACOMPANHAMENTOS

As atividades do modelo 1 e 2 podem ser trabalhadas com o professor de Português, Física e Matemática. O professor de Português pode realizar atividades de identificação e descrição dos gêneros estudados em inglês, comparando características linguísticas em uma língua e na outra (inglês e português), utilizando instruções para os jogos em português do mesmo modo sugerido para o inglês. Já o professor de Matemática pode aproveitar os jogos escolhidos pelos alunos para ensiná-los a trabalhar com geometria e calcular os ângulos para os saltos dados pelas personagens dos jogos, enquanto que o professor de Física pode ensinar os alunos a calcular a distância que algo atirado pela personagem percorre até o alvo e com que força ele chega, desse modo os alunos podem utilizar estes cálculos para melhorar sua performance no jogo.

PARA SABER MAIS

Dionísio, A. P.; Machado, A. R.; e Bezzera, M. A.(Orgs.) *Gêneros textuais e ensino*. 5ª Ed. Rio de Janeiro: Lucerna, 2007.

Capítulo 4
NOVAS MÍDIAS

Renata Condi de Souza
Denise Delegá-Lúcio
Telma de Lurdes São Bento Ferreira
Ana Julia Perrotti-Garcia

Hoje em dia não é mais possível ignorar os inúmeros recursos que o computador e a Internet trazem para a comunicação, muitos dos quais podem também ser usados no ensino com muito sucesso. Há uma série de ferramentas e recursos computacionais disponíveis na *web* que facilitam e em muitos casos motivam a aprendizagem, fazendo de seu uso no ensino algo de grande relevância. Este capítulo apresenta diversos recursos *online* que podem ser usados para o preparo de aulas e pesquisas de conteúdo, focando as competências e saberes necessários aos alunos de inglês como língua estrangeira.

O capítulo está dividido em três partes. Na primeira seção, apresentamos duas possibilidades de uso de *podcasts* em sala de aula: como texto autêntico a ser observado e analisado e a produção de *podcasts* como tarefa final. Na segunda seção, "O YouTube no ensino", apresentamos modelos de atividades relacionadas tanto à captação de vídeos da Internet quanto à criação ou reformulação desses vídeos para uso no ensino. A última seção, "Tradução no meio digital", apresenta modelos de atividades que utilizam como fonte de materiais autênticos um corpus alinhado (textos originais e suas traduções), disponível para consulta na Internet e a utilização de textos de especialidade e ferramentas computacionais para preparação de alunos para leitura.

Renata Condi de Souza

Podcasts na sala de aula

Hoje em dia, quem nunca ouviu falar de MP3? Que usuários de telefones celulares também não carregam suas músicas favoritas em seus pequenos aparelhos ou escutam livros em aparelhos quase do tamanho de um *memory stick*[1] em vez de lê-los? Quase todo mundo, não é mesmo? Então por que será que a palavra *podcast* ainda causa tanto estranhamento?

Talvez a resposta para essa pergunta resida exatamente na falta de informação. Podemos dizer que quase todo áudio que existe disponível na Internet, com exceção de músicas e livros, é um *podcast*. Pelo menos na sua origem era assim; pequenas entrevistas, notícias breves, diários pessoais falados e outras gravações acessíveis por meio de um computador configuravam-se como tal. Atualmente, no entanto, os *podcasts* reciclaram-se, expandindo os temas que abordam, inovando no seu formato ao incluir arquivos de vídeos e fazendo-se presentes em diversos *sites* que antes só apresentavam conteúdo escrito.

Há diferentes tipos de *podcasts*: aqueles mais informativos, que trazem a notícia de maneira resumida, como os das redes BBC[2] e CNN[3]; e aqueles mais instrucionais, que ensinam um idioma, dão dicas de como atualizar seu sistema operacional ou disponibilizam uma palestra com um acadêmico, como *Podcasts from the University of Oxford*[4]. Também existem aqueles mais sérios, que lidam com questões espirituais, como os oferecidos pela *The Meditation Society of Australia*[5]; e aqueles mais divertidos, que têm como principal objetivo entreter, como *The Dawn and Drew Show*[6]. O interessante é que, independentemente da sua escolha, você pode ser informado sempre que um novo episódio está disponível. Graças a uma tecnologia chamada RSS (*Real Simple Syndication*), que permite acesso imediato a novidades, basta assinar um *podcast* para saber das suas atualizações.

Você também pode criar suas próprias gravações através de programas de computador, tal como o *Audacity*[7], disponível para *Linux/Unix*, Mac OS e *Windows*, ou *sites* da Internet, tal como o *PodOmatic*[8], ambos gratuitos, ou até mesmo por meio das funções "gravador de voz", para a criação de áudio, ou "filmadora", para a criação de áudio e vídeo, de um tocador de MP3 ou telefone celular.

Mas por que propomos o uso de *podcasts* na sala de aula de Língua Estrangeira? Vejamos:

1) A possibilidade de criação de um *podcast* por qualquer pessoa em qualquer lugar do mundo – por qualquer motivo – faz com que ele seja um material de valor inestimável: *podcasts* trazem para a sala de aula a realidade e a língua tal como

---

[1] Um *memory stick* é um pequeno cartão de memória *flash* e formato variável. Serve para armazenar arquivos e carregá-los consigo. Memória *flash* é um tipo de *chip* que pode ser reescrito e preserva seu conteúdo sem fonte de alimentação.
[2] http://www.bbc.co.uk/podcasts (Acesso 19/09/2011).
[3] http://edition.cnn.com/services/podcasting/ (Acesso 19/09/2011).
[4] http://podcasts.ox.ac.uk (Acesso 19/09/2011).
[5] http://meditation.org.au/podcast_directory.asp (Acesso 19/09/2011).
[6] http://dawnanddrew.mevio.com (Acesso 19/09/2011).
[7] http://audacity.sourceforge.net/ (Acesso 19/09/2011).
[8] http://www.podomatic.com/ (Acesso 19/09/2011).

ela é usada por seus falantes; e é exatamente por essa razão que um *podcast* é diferente do nosso velho conhecido *listening* em CD ou fita cassete, por exemplo.
2) *Podcasts* ultrapassam o alcance do áudio ou vídeo disponibilizado pelo livro didático, oferecendo ao aluno o contato com variações da língua de maneira natural e autêntica.
3) *Podcasts* também possibilitam o acesso à informação, à atualização profissional e o desenvolvimento de interesses, uma vez que novas gravações são passadas a seus assinantes de maneira rápida, podendo ser acessadas até mesmo por meio de telefones celulares de nova geração.

Ao considerar seu uso na aula de Língua Estrangeira, no entanto, é sempre importante que a seleção do *podcast* obedeça a alguns critérios, elencados a seguir:

- Adequação à faixa etária: sempre escute e/ou assista o *podcast* para verificar se não há nenhum impedimento ao seu uso;
- Relação com o tema e/ou conteúdo programático: considere o *podcast* como um material de trabalho, não apenas uma mera ilustração ou um momento de diversão;
- Adequação ao nível linguístico do grupo de alunos: lembre-se de que materiais autênticos são sempre desafiadores, porém tome cuidado para não transformar seu uso e compreensão em uma "missão impossível";
- Acessibilidade: verifique se é possível descarregar o *podcast* em um *memory stick* ou se ele é acessível somente via Internet. Se não for possível carregá-lo em um dispositivo móvel, vale a pena conferir se sua conexão de Internet dá conta do recado;
- Possibilidade de expansão: possibilidades de projetos interdisciplinares podem surgir a partir do trabalho com *podcasts* na aula de Língua Estrangeira e propostas de uso de *podcasts* podem se originar a partir de discussões em outras áreas do conhecimento. Independentemente de como elas aparecem, essas oportunidades de trabalho integrado devem ser aproveitadas, pois facilitam o envolvimento dos alunos com as atividades;
- Significância: sempre se pergunte: "Ao final desta aula (ou bloco de aulas), o que meus alunos terão desenvolvido? O que eles fazem melhor agora? Quais habilidades e competências foram trabalhadas?" Se você conseguir responder a essas perguntas de acordo com seu planejamento semestral ou anual e projeto político-pedagógico ou similar, você estará no caminho certo.

A seguir oferecemos algumas sugestões de como aplicar os critérios elencados e utilizar *podcasts* com seus alunos. Bom proveito!

MODELO DE ATIVIDADE 1

VOCÊ TEM O CONTEÚDO E BUSCA UM *PODCAST* PARA DESENVOLVER A ATIVIDADE

Como envolver os alunos na discussão de conteúdos de maneira motivadora, trazendo a língua autêntica e contextos reais para a sala de aula? *Podcasts* podem fazer parte de uma receita de sucesso. Veja nossa sugestão.

Ingredientes

- Caixas de som (para computador)
- Projetor *datashow* (opcional)
- Diretório *Podfeed.net*[9] para escolha de *podcast*

Modo de Fazer

1. Acesse o diretório *Podfeed.net*, que funciona como uma grande biblioteca *online*, que no lugar de livros oferece episódios de *podcasts*.
2. Para ouvi-los ou assisti-los, selecione um episódio por categoria (ex.: *Arts, Automotive, Business, Comedy, Education, Environment, Film&Television, Finance, Food & Drink* etc.) ou procure por meio de uma palavra de busca. Por exemplo, para o modelo de atividade 1, selecionamos uma entrevista usando o termo *interview*.

Rendimento

2 aulas de 45 a 60 minutos cada.

O objetivo principal desta atividade é observar a linguagem usada por entrevistados e entrevistadores.

PRIMEIRA AULA

1 | Aquecendo

Vocês já foram entrevistados?

> Have you ever been interviewed? If so, why?
> Have you ever interviewed anyone? If so, why?
> Do you remember what questions you asked or were asked?

Instruções para o professor: o primeiro passo, como em qualquer atividade, é envolver os alunos e buscar descobrir quais são seus conhecimentos prévios sobre o assunto. Faça perguntas para iniciar a apresentação do tema. As perguntas podem ser respondidas em duplas ou coletivamente.

2 | Discutindo e conhecendo o *podcast*

Vamos assistir a uma entrevista em formato *podcast* com o diretor e o produtor de um documentário sobre a violência em Chicago, nos EUA. Antes, porém, vamos discutir as seguintes perguntas:

---

[9] http://www.podfeed.net (Acesso 24/09/2011).

a) Have you ever seen or heard an interview with a movie star, movie director or movie producer?

↪ Respostas podem variar.

b) What kind of questions are (usually) asked? Are they the same questions for all the three people?

↪ Respostas podem variar.

c) You are going to listen to an interview with a movie director and a movie producer about a documentary on violence in the United States. What kind of questions do you expect to have in the interview? Make a list.

↪ Respostas podem variar.

Instruções para o professor: selecione previamente no diretório *Podfeed.net* por meio da palavra de busca *interview*. Escolhemos o programa *Mighty Movie Podcast*[10], no qual o jornalista Dan Persons entrevista diretores de cinema em episódios de 10-20 minutos. O episódio selecionado, intitulado *Steve James and Alex Kotlowitzon The Interrupters*[11], traz a entrevista de Dan Persons com o diretor e o produtor de documentário sobre violência em Chicago (EUA). Para apresentar o episódio, as perguntas acima podem ser discutidas com o grupo.

3 | Explorando

Agora vamos assistir à entrevista. Não se esqueçam de tomar nota das perguntas que vocês ouvirem no *podcast*.

Instruções para o professor: peça contribuições e compare com o que havia sido listado no início da atividade. Sugerimos a discussão a respeito dos tipos de perguntas que foram feitas e uma expansão a respeito do conteúdo do *podcast*, estimulando a reflexão a respeito da questão da violência no Brasil em comparação com o que foi falado sobre a cidade de Chicago.

DICA: faça o registro de alguns exemplos listados pelos alunos ao responderem a pergunta **c**. para que você possa retomar e comparar o que era esperado e o que foi ouvido. Para tanto, recomendamos que peça aos alunos que tomem nota das perguntas que ouvirem no *podcast*. Em seguida, os alunos escutam o *podcast* e fazem anotações.

SEGUNDA AULA

4 | Praticando

Vamos aplicar o que discutimos?

Instruções para o professor: proponha uma tarefa para ser desenvolvida pelo grupo, levando em consideração as discussões sobre uso da língua e o conteúdo do episódio trabalhado. Idealmente, a tarefa final deve representar uma ação que os alunos podem desenvolver na vida real. Diante disso, oferecemos as seguintes opções:

a. Dramatização: com a sua mediação, alunos determinam uma situação em que poderiam ter de entrevistar ou responder uma entrevista em inglês, como por exemplo a entrevista para obtenção de um visto de turista. Em seguida, eles elaboram as perguntas e dramatizam a situação.

b. Produção textual: alunos usam dados do *podcast* para criar um texto jornalístico comparando a violência nos Estados Unidos e no Brasil.

c. Pesquisa: com a sua mediação, alunos elaboram perguntas para entrevistar alunos de escolas internacionais por meio da Internet, ou de outras salas, caso se trate de um instituto de idiomas. As descobertas podem ser transformadas em um texto coletivo ou em um *podcast* da sala no *site* da escola.

DICA: o trabalho com a língua não deve ser deixado de lado. É importante destacar como se fazem perguntas em inglês, e comparar com o que foi ouvido, discutindo o porquê das escolhas dos falantes. Se o professor preferir, ele pode buscar o roteiro do *podcast* escolhido e analisar as palavras e estruturas mais frequentes utilizando programas de análise lexical, tal como o *AntConc*[12], para embasar suas respostas.

---

[10] Também disponível em http://www.mightymoviepodcast.com/ (Acesso 24/09/2011).
[11] Disponível on-line desde (24/08/2011).
[12] http://www.antlab.sci.waseda.ac.jp/software.html (Acesso 24/09/2011).

MODELO DE ATIVIDADE 2

VOCÊ TEM O CONTEÚDO E UTILIZA *PODCASTS* PARA DIVULGAR RESULTADOS

Como fazer para compartilhar os resultados daquele projeto ou atividade em que você e seus alunos desenvolveram um tema em um bloco de aulas? Ferramentas que permitem a criação de *podcasts* podem ser a solução, ao mesmo tempo que criam oportunidades de interação e motivam o aprendizado. Vamos aos ingredientes:

Ingredientes

- Microfone ou gravador digital de voz ou câmera filmadora (ou similar)
- Programa de computador *Audacity*[13] ou diretório de *podcasts* PodOmatic[14]

Observe que a execução desta atividade pressupõe o uso de computadores pelos alunos. Além disso, se você atuar em uma escola regular, sugerimos que seja feita uma parceria com a área de informática, para que haja um trabalho interdisciplinar e você tenha o apoio necessário para uso da tecnologia.

Modo de Fazer

1. Instale um programa de computador para fazer as gravações, como *Audacity*, de fácil manuseio e gratuito. Há vários tutoriais[15] disponíveis que ensinam como usá-lo.
2. Se a sua conexão de Internet for estável ou você e seus alunos preferirem fazer tudo *online*, acesse o *site PodOmatic*. Ele permite criar e compartilhar *podcasts* e oferece 500MB de armazenagem gratuita. A criação de um episódio é guiada passo a passo pelo *site* de maneira bastante semelhante àquela que seguimos na criação de uma conta de *email* ou de um *blog*. É possível carregar um arquivo já gravado ou filmado ou fazer a gravação no próprio *site*.

Rendimento

De 2 a 4 aulas de 45 a 60 minutos cada.

Esta atividade, diferentemente da proposta anterior, tem como objetivo possibilitar aos alunos a criação de *podcasts* como atividade final. Nossa sugestão parte do trabalho com o tema interdisciplinar "biodiversidade". Observe que a atividade oferece a possibilidade de trabalho integrado entre as áreas de Biologia, Geografia e Inglês e pretende ajudar a desenvol-

---

[13] http://audacity.sourceforge.net/ (Acesso 19/09/2011).

[14] http://www.podomatic.com/ (Acesso 19/09/2011).

[15] Algumas opções de tutoriais do Audacity: http://audacity.sourceforge.net/manual-1.2/tutorials.html (Acesso 24/09/2011), http://www.how-to-podcast-tutorial.com/17-audacity-tutorial.htm (Acesso 24/09/2011), http://wiki.audacityteam.org/wiki/Category:Tutorial (Acesso 24/09/2011).

ver a habilidade de compreender e discutir sobre temas atuais e transversais, compartilhar conhecimento e abordar o tema cidadania em sala de aula de maneira natural e significativa.

Para introduzir o assunto, selecionamos uma publicação das Nações Unidas sobre o tema no *site* do Programa de Meio Ambiente[16] (*United Nations Environment Programme – UNEP*). O texto serve de base para a discussão sobre biodiversidade e ajuda a contextualizar o tema como um problema e a mostrar como a língua inglesa é usada nesse contexto. Dentre as opções no *site* do UNEP, escolhemos o texto *Dead Planet, Living Planet – biodiversity and ecosystem restoration for sustainable development* (Christian Nellemann e Emily Corcoran), que trata de recomendações e apresenta estudos de caso que relacionam biodiversidade a gerenciamento de água, alimentação, mudança climática, economia e mitigação[17]. Por ser um texto grande, sugerimos dividir sua leitura em etapas ou a seleção de apenas uma das facetas apresentadas para trabalho com o grupo todo. Qualquer que seja a escolha, é importante reservar um tempo para verificar a compreensão textual e destacar questões linguísticas típicas do gênero da publicação e do tema.

PRIMEIRA E SEGUNDA AULAS

1 | Aquecendo

O que vocês sabem sobre biodiversidade?

Instruções para o professor: considerando que os alunos tenham acesso ao texto de leitura que serve como base de discussão, inicie a aula com perguntas gerais sobre o tema. Sugerimos algumas opções a seguir: (15 MINUTOS)

a) What is biodiversity? What does it involve?
b) Have you ever heard of sustainable development? If so, can you give an example of it? If not, what do you think it refers to?

2 | Praticando

Vamos ver se cada grupo é capaz de encontrar as respostas?

Instruções para o professor: após uma breve discussão, divida a classe em dois grupos e peça para o grupo **A** tentar encontrar as respostas para a pergunta **a** e o grupo **B** as respostas para a pergunta **b**. Em seguida, peça que relatem ao grupo o que descobriram. (10 MINUTOS)

3 | Praticando

Agora vamos ler o texto e ver o que mais descobrimos.

Instruções para o professor: promova atividades de compreensão de texto de acordo com sua prática docente e restrições didáticas. Por exemplo, se tiver a oportunidade de sugerir um trabalho colaborativo entre alunos, divida-os em grupos com quatro integrantes cada e distribua partes diferentes do texto para cada grupo. Cabe ao grupo responder um conjunto de questões elaborado por você.

4 | Aprofundando

Para casa – Leiam o texto completo e criem três perguntas sobre partes que acharem interessantes no texto e tragam para a próxima aula.

---

[16] http://www.unep.org/Themes/Biodiversity/Publications/index.asp (Acesso 24/09/2011).
[17] O termo "mitigação" em meio ambiente refere-se à intervenção humana com o objetivo de reduzir ou remediar um impacto ambiental nocivo.

Instruções para o professor: sugira a leitura completa do texto em casa e a elaboração de três perguntas por aluno ou o destaque de três informações que os alunos acharam interessantes. Em sala, os alunos podem: (a) trocar as perguntas e desafiar seus colegas a responderem ou (b), em pequenos grupos, elaborar perguntas tendo como base as informações destacadas e criar um *quiz* sobre biodiversidade.

TERCEIRA E QUARTA AULAS

1 | Aquecendo

O que podemos informar sobre biodiversidade?

Instruções para o professor: separe os alunos em grupos de trabalho. Cada grupo deve escolher um assunto tratado pelo texto e destacar quais são as informações de maior relevância sobre ele. Cabe a você informar aos alunos que haverá a produção de um programa de rádio sobre biodiversidade com uma série de *podcasts* sobre os assuntos selecionados. Os alunos figuram como os criadores, produtores e narradores do *show*.

2 | Discutindo

Vamos elaborar um roteiro para nosso programa de rádio? Vou escrever no quadro o roteiro que podemos utilizar.

Instruções para o professor: escreva no quadro os itens abaixo e peça que os alunos iniciem a elaboração do programa por eles. Peça que conversem entre si para tomar decisões sobre o roteiro.

- Público-alvo;
- Tipo de programa (ex.: informativo, educacional, entrevistas, etc.);
- Assunto de cada episódio;
- Tempo de cada episódio;
- Escolha de mídia: apenas áudio ou áudio e vídeo;
- Língua necessária para desenvolver a atividade.

3 | Praticando

Agora vamos gravar nosso *podcast*.

Instruções para o professor: definido o roteiro, você e seus alunos escolhem entre *Audacity* ou *PodOmatic* para fazer suas gravações e a divulgação do programa de rádio criado. Trata-se de uma oportunidade única para investir na produção oral, pois os alunos se sentem motivados em usar a língua estrangeira de maneira natural e com um propósito genuinamente comunicativo.

4 | Aprofundando e envolvendo a escola

Vamos criar um *blog*[18] para postar nosso programa e divulgar nosso trabalho?

Instruções para o professor: divulgue a produção no *site* da escola ou em um *blog* da sala. Incentive os alunos a criar um *blog* e outros *podcasts* para divulgar na escola e em redes sociais (como Facebook). Além do aprendizado de língua o aluno também desenvolve seu letramento digital, pois aprende a usar recursos da Internet de várias maneiras.

---

[18] Um *blog* é uma coletânea de textos e/ou áudios disponíveis em um endereço na Internet. Para saber mais, veja: http://www.infoescola.com/informatica/o-que-sao-blogs/ (Acesso 24/09/2011).

Trabalhando interdisciplinarmente

ACOMPANHAMENTOS

Podcasts podem ser usados de modo interdisciplinar de uma maneira muito divertida e construtiva para os alunos, além de ajudar a dar visibilidade a projetos desenvolvidos em diversas áreas do saber. Há várias possibilidades de trabalho:

Variação do modelo 1:

Alunos criam um *blog* da sala ou usam um espaço do *site* da escola onde farão inserções frequentes de entrevistas feitas com alunos da sala sobre temas discutidos nas aulas de inglês ou em aulas de outras disciplinas. Por exemplo: pode ser feito um trabalho conjunto com Literatura em que os alunos criam entrevistas com personagens de livros paradidáticos trabalhados ou autores das obras e fazem uso das obras e das informações biográficas na construção das respostas. Isso ajuda a enriquecer o trabalho desenvolvido nas aulas de Literatura e permite que os alunos façam uso do conhecimento adquirido na escola nas aulas de Inglês.

Aluno(s) cria(m) *podcasts* com dicas de como se preparar para uma entrevista de emprego. O preparo para a atividade depende da discussão das dicas que podem ser dadas e da elaboração de um roteiro a ser usado durante a gravação do *podcast*. Se o trabalho permitir, trata-se de uma boa oportunidade para a prática e correção da pronúncia, do ritmo e da entonação de maneira personalizada.

Variação do modelo 2:

Alunos preparam pequenos trechos de notícias sobre assuntos tratados ao longo das aulas de outras disciplinas e criam uma estação de TV ou de rádio em que inserem quinzenalmente suas produções. Essa atividade pressupõe que os alunos desenvolvam a capacidade de condensar informações e que revisitem o conteúdo lecionado em outras disciplinas regularmente. Uma sugestão é promover discussões sobre o tema *apartheid* nas aulas de História, Geografia, Sociologia e Inglês, discutindo grandes personalidades, tais como Nelson Mandela e Steve Biko. Os alunos podem criar *podcasts* sobre fatos históricos, questões geográficas envolvendo a África do Sul, xenofobia, variações culturais e linguísticas e até mesmo gravar *podcasts* em formato de mesa-redonda onde há um mediador e convidados. O mesmo pode ser feito com o tema proposto da biodiversidade para a disciplina de Biologia.

Aluno(s) desenvolve(m) pequenos discursos que argumentem a favor ou contra um tópico polêmico discutido em aula ou que deem dicas de ações ecológicas ou mudanças visíveis na comunidade e grava(m) *podcasts*. É possível ainda a criação de um diário pessoal com comentários sobre assuntos discutidos nas aulas e/ou lidos ou ouvidos na mídia. Se for possível o trabalho individualizado, o preparo para a gravação pode envolver a prática e a correção da pronúncia, do ritmo e da entonação.

PARA SABER MAIS +

MORRIS, T.; TOMASI, C.; TERRA, E.; STEPPE, K. *Podcasting for Dummies*. New York: For Dummies, 2008.

PRENSKY, M. *Teaching Digital Natives: partnering for real learning*. Thousand Oaks: Corwin Press, 2010.

RICHARDSON, W. *Blogs, Wikis, Podcasts, and other Powerful Web Tools for Classrooms*, Thousand Oaks: Corwin Press, 2006.

Denise Delegá-Lúcio

Telma de Lurdes São Bento Ferreira

O YouTube no ensino

O YouTube[19] foi criado em 2005 com o propósito de permitir que pessoas do mundo inteiro compartilhassem vídeos. Ele é o *site* mais utilizado do mundo na publicação desse tipo de mídia, sendo, portanto, uma fonte rica e quase inesgotável de assuntos. O *site* cresceu tanto que despertou o interesse do Google (que o comprou em 2006) e foi eleito pela revista *Time* o melhor *site* do ano (também em 2006)[20].

O uso do YouTube no ensino apresenta pelo menos três grandes vantagens: (1) permite acesso a uma infinidade de vídeos que abordam assuntos diversificados, servindo como recurso para obtenção de conteúdos a serem ensinados; (2) possui uma extensa gama de exemplos de linguagem autêntica; e (3) permite desenvolver atividades interativas por meio da criação de canais pelo professor ou pelos próprios alunos para, por exemplo, a publicação dos trabalhos desenvolvidos, bem como a discussão deles por meio de comentários.

O uso de linguagem autêntica é relevante porque ao observarmos a linguagem como ela é usada percebemos que a maior parte das palavras mais frequentes não têm sentido(s) independente(s), mas fazem parte de um rico repertório de colocações que aqui chamamos de "agrupamento de palavras" (palavras que "andam" juntas). Como exemplo desses agrupamentos, no modelo de atividade 1 proposto neste capítulo a forma *shopping* aparece com frequentemente com a forma *bags* e as duas formas juntas têm um só sentido: *shopping bags* = sacolas plásticas utilizadas para colocar compras". Ao ensinarmos, é fácil notar quando algo nos soa estranho ou incomum. No entanto, é difícil percebermos o que é mais comum e o que devemos ou não ensinar aos alunos, já que nós podemos achar relevante algo que pode se mostrar nada significativo quando consultamos textos autênticos da língua em uso (corpus).

Ingredientes

- Vídeos do YouTube sobre o tema escolhido
- Um programa para salvar os vídeos em computador[21]
- Um programa para análise linguística[22]
- Um programa para edição de vídeos
- Textos sobre o tema, em formato .txt

Modo de Fazer

1. Baixe todos os programas que precisará utilizar seguindo as instruções dos *sites*.

---

[19] http://www.youtube.com/

[20] Para saber mais sobre o YouTube consulte os *links* disponíveis na Wikipedia (http://pt.wikipedia.org/wiki/YouTube) ou coloque no seu navegador as palavras de busca "história do YouTube".

[21] Consulte a seção "*Links* úteis", na página 130, e/ou o *site* da editora pelo *link* www.macmillan.com.br/tecnologias, para sugestões de programas para salvar e editar vídeos e para análise linguística.

[22] Para detalhes sobre programas de análise linguística, consulte o *site* da editora pelo *link* www.macmillan.com.br/tecnologias.

2. No YouTube, selecione os vídeos e salve-os em seu computador usando o programa para salvar vídeos escolhido (sugestões na página 130, "*Links* úteis").

3. Selecione os textos que pretende utilizar e salve-os em seu computador em formato .txt (texto sem formatação, para que possam ser "lidos" pelo programa de análise). Crie uma pasta com o nome do tema e coloque lá os textos em formato .txt para que você os encontre com mais facilidade. (Para as atividades que apresentamos no modelo 1, por exemplo, escolhemos o tema *plastic bags*.)

4. Utilize o programa para análise dos textos escolhido (sugestões na página 130, "*Links* úteis") para selecionar os conteúdos relevantes (os exemplos aqui mostrados são relacionados ao modelo de atividade 1).

   I. Em *Wordlist*, selecionamos algumas palavras dentre as mais frequentes: *bags*, *plastic*, *environment*, *is*, *are*;

   II. Para obter mais informações sobre essas palavras, utilizamos as ferramentas *Clusters* (agrupamentos) e *Concordance* (concordância).

   III. Na *Concordance* trabalhamos primeiramente com a palavra *bags* (que era a segunda mais frequente). Após verificarmos que tipos de agrupamentos de palavras se formavam, separamos os mais interessantes (devido à sua frequência ou por serem parte de uma expressão maior) para criar as atividades.

   IV. Usando a ferramenta *Clusters*, escolhemos os seguintes agrupamentos de três palavras: *plastic shopping bags*, *plastic bags are*.

   V. A partir da informação obtida nessas análises, selecionamos os conteúdos a serem ensinados e elaboramos a atividade demonstrada (1).

5. Para modificar os vídeos selecionados acrescentando legendas, perguntas e/ou destaques, usamos um editor de vídeos (sugestões na página 130, "*Links* úteis").

6. Na área destinada a comentários dos vídeos, coloque as perguntas ou instruções sobre o que gostaria que os alunos fizessem.

7. Salve o trabalho em seu computador, crie um canal no YouTube e publique o vídeo[23].

8. Peça aos alunos que se registrem como membros de seu canal e que criem o próprio canal (se já não tiverem um) para publicar o trabalho desenvolvido a partir do seu vídeo.

Rendimento

Aproximadamente 2 aulas (de 45 minutos a 1 hora cada) para cada modelo de atividade.

O objetivo das atividades a seguir é contribuir para o desenvolvimento linguístico crítico do aluno, bem como despertar seu interesse para temas relevantes e atuais por meio do trabalho com textos autênticos e vídeos.

---

[23] Para detalhes sobre como publicar vídeos no YouTube, consulte o *site* da editora pelo *link* www.macmillan.com.br/tecnologias.

MODELO DE ATIVIDADE[24] 1

VOCÊ TEM O TEMA, MAS NÃO SABE QUAL CONTEÚDO ENSINAR

Para esta atividade selecionamos como exemplo um vídeo do *Animals Save the Planet*[25], e o salvamos em um arquivo destinado à atividade. A seguir escolhemos os textos *No bag, thanks, Dangers of plastic bags* e *Are plastic grocery bags sacking the environment?*[26]. Estudamos os textos como explicado nos itens 3 e 4 do "Modo de fazer". Acessamos o editor de vídeos e preparamos o vídeo como descrito nos itens 5 e 6 do "Modo de fazer". Salvamos o material e o publicamos no YouTube.

Algumas possíveis atividades criadas a partir dos textos analisados (principalmente o texto *Dangers of plastic bags*) são as seguintes:

PRIMEIRA AULA

1 | Aquecendo

Vamos descobrir qual é o assunto da aula de hoje? Vamos ao laboratório de informática assistir a um vídeo e investigar?

Instruções para o professor: leve os alunos ao laboratório[27] e mostre o vídeo modificado e previamente postado no YouTube. Peça que os alunos conversem e tentem responder às perguntas que aparecem ao longo e no final do vídeo. (15 MINUTOS)

2 | Discutindo

Vamos conversar a respeito das sacolas plásticas e as consequências de seu uso?

Instruções para o professor: pergunte aos alunos o que sabem sobre o assunto e faça anotações (pode ser em português ou inglês) das palavras que mais apareceram nas discussões. Aproveite para perguntar como os alunos conseguiram descobrir do que se tratava o vídeo e o significado de *Animals save the planet*. (15 MINUTOS)

3 | Explorando

Vamos aprender algumas das palavras que vocês utilizaram na discussão?

Examples:

a) plastic shopping bags
  » Approx. 100 billion of the 380 billion are plastic shopping bags.
  » Recycle, Reuse, Reduce Recycling your plastic shopping bags is one of the most obvious courses of action, however only 10% of Australian households take their plastic bags to a central collection point for recycling.

b) plastic bags are
  » Single-use plastic bags are also well known for their interference in ecosystems and the part they play in flood events, where they clog pipes and drains.
  » Disturbingly, it is claimed that plastic bags are the most common man-made item seen by sailors at sea.

---

[24] As atividades aqui propostas para estes modelos estão disponíveis no *site* da editora pelo *link*: www.macmillan.com.br/tecnologias.

[25] *The animals save the planet: supermarket bags*. Créditos: Animal Planet e Discovery Communications (Acesso em 11/09/2011).

[26] Textos retirados dos *links* http://www.abc.net.au/science/features/bags/default.htm, http://www.envirosax.com/plastic_bag_facts e http://news.nationalgeographic.com/news/2003/09/0902_030902_plasticbags.html, respectivamente, em 05/09/11.

Instruções para o professor: escreva (em inglês) no quadro ou em um *flipchart* os agrupamentos de palavras selecionados, por exemplo: *plastic shopping bags*, *plastic bags are*, *to the environment* e outros mencionados pelos alunos. Leia as palavras e converse sobre elas, o que costumam significar, em quais contextos costumam aparecer etc. Depois escreva no quadro[28] ou distribua cópias com sentenças dos textos nas quais estes agrupamentos de palavras aparecem. Peça aos alunos que tentem entender a sentença na qual a palavra está, usando o que já foi apresentado (atividades 1 e 2), e palavras cognatas (palavras com mesma raiz e mesmo sentido em inglês e em português[29]). Retire os exemplos dos textos que pretende trabalhar com os alunos. Não invente sentenças. (15 A 20 MINUTOS)

SEGUNDA AULA

4 | Praticando

Observe as sentenças a seguir e complete os espaços em branco usando *plastic shopping bags* e *plastic bags are* estudados na aula anterior.

a. "The environmental issues associated with plastic shopping bags have featured in the news in the last couple of months…"

b. "Plastic bags are made from ethylene, a gas that is produced as a by-product of oil, gas and coal production."

c. "With this number of plastic bags in circulation, it is of little surprise that plastic bags are a significant pollutant".

d. "Prior to the 15 euro cent per bag tax, it was estimated that 1.2 million plastic shopping bags were being handed out in Ireland per year."

Instruções para o professor: retire dos textos escolhidos mais algumas sentenças com os agrupamentos de palavras estudados e deixe espaços em branco para que os alunos completem com esses agrupamentos. Peça que os alunos conversem para justificar e explicar para o grupo suas escolhas (você pode dividir a sala em duplas, trios ou grupos de acordo com sua necessidade). A conversa pode ser em português ou inglês, dependendo do seu objetivo. Incluímos, acima, alguns exemplos já com respostas (que você deve retirar antes de passar para os alunos). (10 MINUTOS)

5 | Explorando

Nas sentenças **b** e **c** da atividade 4 temos *plastic bags are*. O verbo *to be* em inglês serve para mostrar o estado atual de alguma coisa ou para caracterizar algo. Observando as sentenças **b** e **c** indique qual o uso do *verb to be* e escolha os assuntos tratados a respeito de *plastic bags*.

sentença **b**: (estado / **característica**)	sentença **c**. (**estado** / característica)
(**X**) do que são feitas as sacolas	( ) do que são feitas as sacolas
( ) o que causam	(X) o que causam

---

[27] Ambas as aulas devem acontecer no laboratório. Caso não seja possível, o professor deve levar o texto para o aluno exatamente do jeito que ele está no livro ou na Internet (com figuras etc. e não em formato .txt).

[28] Sempre que colocar exemplos no quadro, peça que os alunos os copiem em seus cadernos como referência para as próximas aulas.

[29] Exemplos de palavras cognatas seriam *animals* / animais e *planet* / planeta.

Instruções para o professor: para esta atividade, os alunos podem usar dicionário, se estiver disponível. Você pode pedir que os alunos discutam e justifiquem suas escolhas. Se possível, peça aos alunos que escrevam outras características para *plastic bags* em seus cadernos, usando palavras vistas nas atividades 1, 2 e 3 (ex.: *single-use plastic bags*). Acima temos os dois exemplos respondidos (resposta entre parênteses). (10 MINUTOS)

6 | Aprofundando

Leia o texto *Dangers of plastic bags* e responda:

a) Qual o propósito do texto?

↪ O texto se propõe a explicar o que acontece com as sacolas plásticas na natureza.

b) O que a figura presente no texto mostra?

↪ O quão poluente as sacolas são (respostas podem variar).

c) Resumidamente, quais são os 12 fatos apresentados no texto sobre as sacolas plásticas?

↪ 1) 380 billion plastic bags are used in the USA. 2) About 100 billion of the 380 billion are plastic shopping bags. 3) An estimated 12 million barrels of oil is required to make plastic bags. 4) Only 1 to 2% of plastic bags in the USA are recycled. 5) Marine animals and birds die as a result of plastic pollution. 6) The United Nations Environment Programme says there are 46,000 pieces of plastic litter floating in every square mile of ocean. 7) Plastic bags are ingested by animals, clogging their intestines resulting in death by starvation. 8) Even when they photo-degrade in landfill, the plastic from bags never goes away, and toxic particles can enter the food chain. 9) Greenpeace says that at least 267 marine species have suffered from getting entangled in or ingesting marine debris. 10) About 14 million trees are cut down for paper bag production. 11) Pulp used for paper shopping bags is virgin pulp, for being stronger. 12) Paper production requires hundreds of thousands of gallons of water as well as toxic chemicals like sulphurous acid, which can lead to acid rain and water pollution.

d) Como os fatos se relacionam com nossa discussão?

↪ Respostas podem variar.

e) Qual a sua opinião a respeito dos fatos apresentados?

↪ Respostas podem variar.

Instruções para o professor: peça que os alunos encontrem as informações com base nos agrupamentos de palavras estudados e/ou discutidos, além de observar números e palavras cognatas. Peça que observem também os usos do verbo *to be*, de *plastic bags are* e *shopping plastic bags*. A leitura pode ser feita em pequenos grupos e a discussão e respostas em português ou inglês, de acordo com seu objetivo. (20 MINUTOS)

DICA: escolhemos diferentes tipos de textos para que os alunos possam examiná-los e perceber que há diferenças linguísticas dependendo do propósito e do tipo de texto.

7 | Pesquisando

Para casa – Pesquise na Internet outros textos em inglês a respeito de *plastic bags* e procure sugestões para solucionar o problema. Acesse o vídeo postado no YouTube novamente e escreva na área de comentários ideias sobre como utilizar menos sacolas e/ou como reutilizá-las.

MODELO DE ATIVIDADE 2

VOCÊ TEM O CONTEÚDO E O TEMA MAS NÃO SABE QUAL VÍDEO USAR E COMO USÁ-LO

Para ilustrar, vamos assumir que você precisa ensinar o tempo verbal *present perfect* dentro do tema proposto em seu livro didático. Como exemplo, usamos o tema: "water conservation". No buscador (Google, Bing, Ask etc), digitamos "water conservation" e coletamos os textos *Save water*, *Water conservation* e *Water saving tips*[30] conforme especificado no item 3 do "Modo de fazer".

Usamos um programa para análise linguística (sugestões na página 130, "*Links* úteis") para separar conteúdos, porém, como já sabíamos o que precisávamos encontrar (*present perfect*), em vez de fazermos uma lista de palavras (*Wordlist*) buscamos concordâncias (ferramenta *Concordance*) com as palavras de busca *have* e *has* e, assim, obtivemos exemplos de uso desse verbo tanto como auxiliar quanto como verbo principal. Observando os arquivos das concordâncias[31], notamos que o texto *Water conservation* tinha um bom número de usos de *present perfect*, sendo este o motivo pelo qual foi o texto mais usado nas atividades. Para selecionar o vídeo, fomos ao YouTube e usamos como expressão de busca "water conservation". Para diminuir a quantidade de vídeos e facilitar a busca, adicionamos "save the planet". Salvamos o vídeo selecionado, também do *Animal Planet*[32], para acrescentar perguntas, legendas etc.

> **DICA:** para temas diferentes, use o tema como palavra de busca tanto para encontrar textos como vídeos do YouTube; baixe e salve em seu computador[33]. Estude o texto e retire exemplos como apresentado no Modo de fazer.

PRIMEIRA AULA

1 | Aquecendo

Vamos ao laboratório de informática[34] para aprendermos um pouco mais sobre a água? Vamos conversar a respeito da água?

Instruções para o professor: comece a aula perguntando o que os alunos sabem sobre o assunto. Se eles já tiverem algum conhecimento de inglês, peça que expliquem ou mencionem fatos relevantes ao assunto em inglês. Caso contrário, você mesmo pode escrever no quadro, em inglês, palavras ou agrupamentos de palavras mencionados pelos alunos. Então, peça que os alunos assistam ao vídeo e anotem o que perceberam. (Nos textos por nós escolhidos, por exemplo, encontramos alguns agrupamentos relevantes: *energy conservation, water conservation, water saving, water metering, water leak, water efficiency, water subsidies, water utilities* etc. (10 MINUTOS)

2 | Discutindo

Agora vamos acessar os diferentes textos sobre a água e compará-los?

Instruções para o professor: dê os endereços dos *sites* com os textos aos alunos ou entregue a eles cópias dos textos coletados. Explique que há muitas formas de falar do assunto e diferentes tipos de textos. O texto da Wikipedia, por exemplo, é meramente informativo. O texto "Save water" é informativo, mas tem o propósito de alertar e convencer sobre a importância de economizar água. Já o terceiro texto pretende dar dicas sobre como economizar. Explique algumas diferenças entre os textos escolhidos e peça que os alunos identifiquem outras. Nesta atividade o aluno não precisa encontrar diferenças linguísticas, somente perceber que cada texto tem um propósito e um formato específicos, o que também vai contribuir para moldar a linguagem. (30 MINUTOS)

---

[30] Textos retirados dos *links* http://www.environment-agency.gov.uk/homeandleisure/beinggreen/117266.aspx, http://en.wikipedia.org/wiki/Water_conservation e http://www.capetown.gov.za/EN/ENVIRONMENTALRESOURCEMANAGEMENT/TIPS/Pages/WaterSavingTips.aspx, respectivamente, em 08/09/2011.

[31] Dúvidas? Consulte o *site* da editora pelo *link* www.macmillan.com.br/tecnologias, seção "Como usar programas de análise linguística", item 6.

[32] *The animals save the planet: elephant shower*. Créditos: *Animal Planet* e *Discovery Communications*.

[33] Evite usar o tempo verbal ou tema gramatical na busca, pois a maior parte dos *sites* e vídeos mostrados primeiro serão de cursos ou aulas, com explicações em vez de texto e imagens, o que pode não atender à sua necessidade.

[34] Se não for possível usar o laboratório, o professor pode usar um aparelho de DVD e distribuir cópias dos textos. Os textos devem permanecer fiéis aos seus originais (formatação, imagens etc.).

3 | Explorando

Vamos trabalhar com o texto da Wikipedia? Acessem o texto *Water conservation*. Vocês sabem o que é a Wikipedia? Para que ela serve? Como ela funciona?

Instruções para o professor: converse com os alunos sobre a Wikipedia (você pode se informar mais acessando o *site*: http://en.wikipedia.org/wiki/Wikipedia. Peça que os alunos observem o texto e procurem entendê-lo de forma geral, por meio das palavras cognatas e aquelas que você escreveu no quadro na atividade 1 deste modelo. (10 MINUTOS)

SEGUNDA AULA

4 | Aprofundando

Vamos procurar ler o texto mais detalhadamente? Acessem o texto da Wikipedia novamente e procurem o item *Social solutions*. O que podem ser "*Social solutions*" relacionadas a "*water*"? (10 MINUTOS) (Respostas podem variar.)

Instruções para o professor: peça que os alunos escrevam no quadro os agrupamentos de palavras e/ou palavras aprendidos na aula anterior. Peça que tentem ler o item *Social solutions* considerando o que já sabem sobre o assunto.

5 | Discutindo

Observem as sentenças a seguir, retiradas do texto *Water conservation* (item *social solutions*). Converse com o professor e com os colegas sobre a estrutura destacada, encontre e anote outras do mesmo tipo:

a) Recent studies have estimated that water supplies are metered in less than 30% of UK households ...
b) Some researchers have suggested that water conservation efforts should be primarily directed at farmers ...

DICA: como o texto é informativo, o *present perfect* tem a função de destacar o processo apresentado pelas noções propostas no texto. Isso acontece porque na língua inglesa o *presente perfect* é considerado um tempo verbal de natureza dinâmica, pois destaca o processo e não o resultado de uma ação (Granger, 1999, pp.199 e 200).

Instruções para o professor: a partir das concordâncias (ferramenta *Concordance* do programa de análise linguística), extraia sentenças com o *present perfect* (presentes em *Social solutions*). Escreva as sentenças no quadro ou entregue o material impresso e peça que os alunos as observem. Em seguida, explique qual a função desse tempo verbal no texto, discuta com os alunos como e quando ele deve ser usado e peça a eles que encontrem outros exemplos no mesmo item – *social solutions*. (15 MINUTOS)

6 | Retomando

Assista ao vídeo novamente, porém agora preste atenção à pergunta título e às legendas.

Instruções para o professor: exiba o vídeo novamente e peça que os alunos expliquem por que a pergunta sobre o primeiro animal usa *present perfect*. Para alunos iniciantes é necessário explicitar algumas palavras nas perguntas. Depois disso, peça que respondam a primeira pergunta e, então, a segunda (oralmente ou por escrito, mas em inglês), sempre que possível usando a estrutura aprendida. (15 MINUTOS)

DICA: se houver mais tempo, é interessante trabalhar também com os agrupamentos de palavras apresentados na atividade 1 deste modelo.

7 | Praticando

Leia os demais textos novamente. Será que encontramos a estrutura que aprendemos no texto com dicas (itemizado – *Water Saving Tips*) e no texto de alerta (*Save Water*)?

Instruções para o professor: retome a estrutura apresentada e explique que nos demais textos praticamente não se encontra o *present perfect* porque o propósito do texto é diferente. No texto itemizado temos uma incidência maior de imperativos. Já no texto de alerta temos uma incidência maior de presente e modais, principalmente o *should*. Depois de mostrar as diferenças, retome a função do *present perfect* no texto. (15 MINUTOS)

Capítulo 4: Novas mídias

8 | Pesquisando

Para casa – Acesse o vídeo no YouTube, assista a ele novamente e poste mensagens a respeito de *How have you saved water?*

Instruções para o professor: caso os alunos não consigam ainda produzir um parágrafo inteiro em inglês, peça que tentem usar, pelo menos, os agrupamentos de palavras e a estrutura (*present perfect*) aprendidos.

Trabalhando interdisciplinarmente

ACOMPANHAMENTOS

No modelo 1 podemos trabalhar com os professores de Química, Biologia e Geografia. É possível pedir ao professor de Química que prepare aulas a respeito da composição química dos polímeros e as diferenças entre elas. Essas diferenças podem ser discutidas em ambas as aulas (de Inglês e de Química). Com o professor de Biologia podemos trabalhar os tipos de alimentos consumidos por diferentes animais e por que as sacolas plásticas podem ser confundidas com alimento e causar a morte de alguns animais. Nas aulas de Geografia os alunos podem aproveitar as informações contidas nos textos usados na atividade de inglês para localizar em mapas as áreas onde mais se utilizam as sacolas e por quê. São áreas de alta densidade populacional? São áreas mais ou menos desenvolvidas? Finalmente, com as turmas e disciplinas envolvidas, montar um projeto de conscientização sobre o uso das sacolas plásticas, com ideias para evitá-lo.

No modelo 2 podemos trabalhar com os professores de Português, Biologia, Química e Geografia. O professor de Química pode ensinar aos alunos sobre a composição da água, como ela é alterada ao acrescentarmos sabão ou outras substâncias poluentes e sobre a dificuldade de limpar a água novamente. Com o professor de Biologia pode ser trabalhado o ciclo da água e mostrado como nosso desperdício e/ou o aquecimento global influem nesse ciclo. Em Geografia podemos estudar as principais bacias hidrográficas, por que algumas regiões têm mais água que outras e quais áreas sofrem mais por conta do desperdício. Com o professor de Português podemos trabalhar diferentes tipos de texto que falam sobre a água (como os do inglês – um texto científico sobre o ciclo da água seria uma boa pedida), reforçando a ideia de que para propósitos comunicativos diferentes há escolhas linguísticas diferentes. Tempos verbais podem ser o foco destas aulas como nas de Inglês.

PARA SABER MAIS (+)

GRANGER, S. Use of tenses by advanced EFL learners: evidence from an error-tagged computer corpus. In: H. Hasselgard & S. Oksefjell (eds.) *Out of Corpora. Studies in Honour of Stig Johansson*, Rodopi: Amsterdam & Atlanta, 1999, 191-202, disponível para *download* em http://dial.academielouvain.be/vital/access/services/Download/boreal:76322/PDF_01?view=true (Acesso em 09/12/11).

Ana Julia Perrotti-Garcia

Tradução no meio digital

O computador e a Internet revolucionaram as comunicações, a maneira de entender as relações entre professor e aluno, e a disponibilidade de conteúdos, tanto para o estudante quanto para o professor que vai preparar aulas. Entre as muitas ciências que surgiram com a evolução do computador, temos a Linguística de Corpus. Essa subdivisão da Linguística ocupa-se da coleta e exploração de corpora[35]. Os corpora (plural de corpus) são conjuntos de dados linguísticos textuais que foram coletados a partir de critérios preestabelecidos; no caso de uso com finalidade didática, o critério pode estar relacionado ao tema da aula.

Veremos a seguir duas abordagens diferentes para você utilizar corpus em sala de aula e fora dela, e aumentar a autonomia de seus alunos. Sabemos que existem inúmeras definições de autonomia dentro da Linguística Aplicada. Neste volume, entendemos por aprendiz autônomo aquele que levanta questões, tenta buscar soluções para suas dúvidas e o faz de forma crítica, sabendo que as respostas devem vir de fontes confiáveis e de material autêntico. Estimular a autonomia não significa deixar o aprendiz "na mão", nem eximir-se de seu papel de educador e de elemento importante no processo de ensino e aprendizado[36]. Ao estimular a autonomia – assim como a entendemos – você está sinalizando que os aprendizes podem e devem primeiramente procurar respostas por si mesmos para problemas que levantaram, e saber analisar os resultados obtidos em suas buscas.

O primeiro modo de trabalhar essa autonomia crítica (apresentado no Modelo 1) que você vai conhecer é através de uma ferramenta chamada COMPARA[37]; o segundo modo (Modelo 2) utiliza o *Compleat Lexical Tutor* (Lextutor)[38].

Trabalhar com o COMPARA significa reintroduzir a tradução na sala de aula, não a tradução que foi por longo tempo uma parte integrante do ensino de língua estrangeira, mas uma nova tradução. No passado, aprendia-se a traduzir. Na proposta que vamos delinear abaixo, aprendemos com a tradução. A tradução é usada para aprender a língua estrangeira.

Com aproximadamente três milhões de palavras, o COMPARA é atualmente o maior corpus paralelo de português e inglês revisto do mundo, contendo excertos de 75 pares original-tradução de textos literários publicados na África do Sul, Angola, Brasil, Estados Unidos, Moçambique, Portugal e Reino Unido. O COMPARA é um corpus paralelo bidirecional de português e inglês. Ou seja, é uma espécie de base de dados com textos originais nessas duas línguas e a suas respectivas traduções, ligadas frase a frase.

O uso do COMPARA no ensino tanto de inglês quanto de português apresenta diversas vantagens: (1) evidentemente, a primeira grande vantagem é o fato de o acesso ser livre e gratuito; (2) seus textos originais vêm de livros publicados por editoras consagradas, escritos por autores como Aluísio Azevedo, Camilo Castelo Branco, Chico Buarque de Hollanda, David Lodge, Eça de Queirós, Edgar Allan Poe, José de Alencar, José Saramago, Lewis Carrol, Machado de Assis, Mary Shelley, Mia Couto e Oscar Wilde, entre outros; e (3) seu acesso permite a pesquisa de termos através de busca simples, avançada ou ultra-avançada.

A busca simples permite que sejam pesquisadas palavras ou expressões de pesquisa em português ou em inglês. É possível programar a busca para que os resul-

---

[35] Para mais informações sobre a Linguística de Corpus e *corpora*, leia a *Introdução* deste livro.
[36] Para mais informações, leia a *Introdução* deste livro.
[37] Para saber mais sobre o COMPARA consulte "Introdução ao COMPARA" no site do projeto (http://193.136.2.104/COMPARA/index.php acesso em 20.out.2011), como um subitem de "Informações gerais", no Menu à esquerda da tela inicial.
[38] http://www.lextutor.ca/.

tados façam diferenciação entre iniciais maiúsculas e minúsculas, e também é possível selecionar uma opção em que o programa não fará diferenças entre palavras com ou sem acento. Para introduzir os termos de busca, é preciso colocar aspas em torno de cada palavra (ex.: "my" "life"). Na busca avançada, podemos fazer pesquisas em subcorpora específicos, como, por exemplo, pesquisar apenas em textos de um determinado país, por autor, ou em uma data de publicação específica. Como exemplo dessa busca avançada, no modelo de atividade 1 proposto neste capítulo, notamos a importância de termos fontes de textos separados por períodos, autor ou por país de procedência. Muitas vezes você pode até encontrar textos de qualidade em outras fontes, mas se eles não tiverem sido pré-classificados ou se não apresentarem informações importantes como datas, autoria e origem, o uso como material didático pode ficar bastante comprometido.

A busca avançada permite realizar consultas mais sofisticadas e usar apenas partes específicas do COMPARA. Para realizar esse tipo de pesquisa, basta selecionar a direção de pesquisa (de inglês para português ou o contrário); digitar o termo ou expressão de busca; escolher partes específicas do corpus (por exemplo, especificar variantes do português ou do inglês, data de publicação; diferenciar originais de traduções; pesquisar em textos ou autores específicos) e especificar os resultados (neste passo, é possível escolher a maneira como os resultados serão apresentados e também como serão classificados).

A busca avançada pode fornecer resultados bem mais precisos, principalmente nos casos em que a busca simples tenha retornado um número muito grande de resultados.

Ingredientes

- *Site* que disponibiliza o corpus COMPARA
- Um programa para salvar em computador os textos obtidos na busca. Em geral, salvamos os textos em um programa processador de textos, como o MS Word, da Microsoft, ou o BrOffice Writer, este último um programa de acesso gratuito e que produz arquivos compatíveis
- Uma impressora para que você possa ter em papel impresso as frases e excertos selecionados
- Material para montagem das "cartas", feitas em cartolina ou papel cartão[39]
- Tesoura
- Canetas hidrográficas

Modo de fazer

1. Acesse o *site* do COMPARA e pesquise os recursos de busca simples, avançada e ultra-avançada. Lembre-se de acrescentar aspas nas palavras de busca que for utilizar para conseguir os textos a serem usados nas atividades.

---

[39] Se preferir, use cartas de baralho já prontas como suporte, que são bastante resistentes. Nesse caso, você precisará de cola ou fita adesiva para unir as frases às cartas de baralho.

2. Dependendo das palavras de busca utilizadas, você poderá obter um número maior ou menor de resultados; assim, o ideal é que você retire uma quantidade homogênea de excertos (ou seja, procure balancear os excertos selecionados, mesmo que algumas buscas tenham produzido números diferentes de resultados). Para as atividades que apresentamos no modelo 1, por exemplo, procuramos sempre selecionar igual quantidade de resultados de diferentes origens, épocas ou autores.

3. Salve os resultados em um programa processador de textos. Crie conjuntos de cartas de baralho, conforme as instruções a seguir:

I. Para uma análise diacrônica da língua (ou seja, para observar variações relacionadas a diferentes pontos cronológicos ou momentos de produção), selecione na busca avançada de textos produzidos em períodos diferentes (por exemplo, textos anteriores a 1900 e textos posteriores a 1900);

II. Para uma análise diatópica da língua (ou seja, para observar variações relacionadas a diferentes pontos geográficos ou locais de produção), selecione na busca avançada textos produzidos em países diferentes (por exemplo, Portugal, Brasil ou Moçambique, para textos em português, e Reino Unido, Estados Unidos ou África do Sul para os textos em inglês) – consulte a tabela[40] a seguir, reproduzida do *site* do COMPARA, para mais informações quantitativas sobre os textos que compõem o corpus;

Distribuição de textos por variante da língua			
Variante	Total de textos (diferentes)	Originais (diferentes)	Traduções
PT Angola	2	2	0
PT Brasil	28 (27)	25 (24)	3
PT Moçambique	2	2	0
PT Portugal	43	12	31
EN África do Sul	4	4	0
EN Estados Unidos	32	7	25
EN Reino Unido e Irlanda	39 (37)	23 (21)	16

III. Para analisar um determinado autor em diferentes obras, selecione apenas o referido autor; porém, como o COMPARA é um corpus que ainda está em fase de expansão, primeiramente procure confirmar se tal autor tem mais de uma obra no corpus, pois não são todos os autores que possuem mais de um título. Em alguns casos, que talvez interessem aos professores que pretendam estudar as estratégias de tradução, existem duas traduções diferentes para uma mesma obra (como é o caso de *Therapy*, de David Lodge, que possui duas traduções, uma lusitana, de Maria do Carmo Figueira (Lisboa, 1995), e uma brasileira, de Lídia Cavalcante-Luther (São Paulo, 1997).

Por outro lado, se você estiver pretendendo estudar a tradução português–inglês (também conhecida como "versão"), o COMPARA possui duas tra-

---
[40] Acesso em 20/10/2011.

duções do romance *Iracema*, de José de Alencar: uma tradução de Clifford Landers (Nova York: Oxford University Press, 2000) e uma tradução de Lady Isabel Burton (Londres: Bickers, 1886).

A partir da informação obtida nessas análises, selecionamos os conteúdos a serem ensinados e elaboramos a atividade demonstrada.

4. Salve os textos selecionados em seu computador, formate o conteúdo de modo a obter quadros com as frases e imprima.

5. Recorte as cartinhas e cole-as sobre quadrados de cartolina ou em cartas de baralho.

6. Os diferentes jogos serão apresentados mais adiante.

7. Em um segundo momento, você vai utilizar buscadores de imagens (o mais conhecido deles é o Google Imagens). Esse buscador permite que, para uma palavra ou expressão de busca, você obtenha como resultado as imagens correspondentes[41].

Rendimento

Aproximadamente 2 aulas (de 50 minutos cada).

O objetivo das atividades a seguir é estimular o aluno a utilizar recursos gratuitos da Internet para pesquisar e aprender a contrastar a língua portuguesa e a língua inglesa de maneira autônoma, bem como conhecer textos autênticos e de autores e tipos variados, ampliando seu conhecimento.

MODELO DE ATIVIDADE 1

VOCÊ TEM O TEMA, MAS NÃO SABE QUAL CONTEÚDO ENSINAR

Suponha que você esteja interessado em trabalhar com seus alunos um texto do escritor José de Alencar, e queira usá-lo como ferramenta de ensino para outros tópicos, mas não saiba que conteúdo ensinar. O fato de o COMPARA disponibilizar os resultados alinhados (ou seja, original e tradução lado a lado) permite que você estude, por exemplo, estratégias de tradução, falsos cognatos e polissemia. Se levarmos em consideração que estão disponíveis duas traduções, uma para inglês britânico e outra para americano, também é possível estudar as diferenças que ocorrem entre as duas variantes da língua inglesa.

Uma vez que o romance de José de Alencar possui diversas referências culturais, você pode utilizá-lo para preparar atividades que levem seu aluno a perceber as diferentes estratégias de tradução. Para esta atividade selecionamos na busca avançada do COMPARA as seguintes opções:

1. Selecionamos a direção de pesquisa: De português para inglês. Lembrando que o COMPARA, por ser um *site* de Portugal, tem seus comandos grafados em variante lusitana, mas que aqui foram transcritos com as devidas adaptações.

---

[41] http://www.google.com.br/imghp?hl=pt-BR&tab=ii (Acesso em 24/10/2011).

2. Introduzimos a expressão: "*não*"[42].
3. Marcamos o autor José de Alencar, na aba "Escolha partes específicas do corpus", "Pesquisar em autores específicos". Analisamos os resultados, procurando encontrar frases que contenham referências culturais. Especificamente nesta atividade, dos 32 resultados obtidos, selecionamos a título de exemplo os excertos a seguir:[43]

Concordância

PBJA1T1(21) [44]	O favo da **jati não** era doce como seu sorriso; nem a baunilha recendia no bosque como seu hálito perfumado.	The jati jati's honeycomb was not as sweet as her smile; nor did the vanilla sending forth its fragrance in the forest match the perfume of her breath.
PBJA1T2(21) [45]	O favo da **jati não** era doce como seu sorriso; nem a baunilha recendia no bosque como seu hálito perfumado.	The comb of the Játy-bee was less sweet than her smile, and her breath excelled the perfume exhaled by the vanilla of the woods.
PBJA1T1(93)	O **Pajé** vibrou o **maracá** e saiu da cabana; porém o estrangeiro **não** ficou só.	The pajé rattled the gourd and left the hut, but the foreigner was not alone.
PBJA1T2(93)	O **Pajé** vibrou o **maracá** e saiu da cabana; porém o estrangeiro **não** ficou só.	The Pagé shook the Maraca-rattle and left the cabin, but the stranger remained not alone.
PBJA1T1(127)	-- Teu hóspede espera, filha de **Araquém**; mas, o sol tornando **não** trouxer o irmão de Iracema, ele levará o guerreiro branco à **taba** dos **pitiguaras**.	«Your guest will wait, daughter of Araquém; but if the returning sun does not bring Iracema's brother, with it will go the white warrior to the village of the Pitiguaras.»
PBJA1T2(127)	-- Teu hóspede espera, filha de **Araquém**; mas, o sol tornando **não** trouxer o irmão de Iracema, ele levará o guerreiro branco à **taba** dos **pitiguaras**.	«Thy guest will wait, daughter of Araken; but if the returning sun bring not the brother of Iraçéma, it will take the pale-faced warrior to the Taba of the Pytiguáras.»
PBJA1T1(189)	-- Ela **não** é mais doce do que **Iracema**, a **virgem dos lábios de mel**; nem mais formosa! murmurou o estrangeiro.	«She is not sweeter than Iracema, the maiden with lips of honey, nor more beautiful!» the foreigner murmured.
PBJA1T2(189)	-- Ela **não** é mais doce do que Iracema, a virgem dos lábios de mel; nem mais formosa! murmurou o estrangeiro.	«She is not sweeter than Iraçéma, the maiden of the honied lips, nor more beautiful!» murmured the guest.

---

[42] Sempre que quiser obter uma grande quantidade de frases alinhadas, pesquise palavras inespecíficas e de alta ocorrência.
[43] COMPARA 13.1.22 http://www.linguateca.pt/COMPARA/ Acesso em 26/10/2011.
[44] *Iracema*. Tradução de Clifford Landers. New York: Oxford University Press, 2000, pp. 1-17.
[45] *Iracema, the honey lips: a legend of Brazil*. Tradução de Lady Isabel Burton. Londres: Bickers, 1886, pp. 1-17.

3. Prepare o material como explicado nos itens 4 a 6 do "Modo de fazer".
4. Algumas possíveis atividades criadas a partir dos textos analisados são as seguintes:

PRIMEIRA AULA

1 | Aquecendo

Quem foi José de Alencar? Em que época viveu e quais suas principais obras? Vocês sabiam que muitas das obras de José de Alencar foram traduzidas para o inglês?

Instruções para o professor: leve os alunos ao laboratório e façam uma pesquisa, procurando obter informações sobre a biografia, obras publicadas e época em que viveu José de Alencar. (20 MINUTOS)

2 | Discutindo

Vamos conversar a respeito da tradução de textos culturalmente marcados?

Instruções para o professor: pergunte aos alunos o que sabem sobre o assunto e procure mostrar aos alunos a dificuldade que haveria ao traduzir textos antigos usando apenas os dicionários disponíveis atualmente. Aproveite para fazer seus alunos perceberem as diferenças culturais entre o Brasil de hoje e o do passado. (10 MINUTOS)

3 | Explorando

Para trabalharmos mais com as diferenças e semelhanças na tradução, vamos jogar cartas?

Instruções para o professor: neste momento você poderá optar por alguns tipos de jogos. Uma opção é colocar todas as cartas voltadas para baixo, sobre a mesa, e cada aluno vai virando duas cartas e tentando montar pares. Esses pares podem ser formados por um original e uma tradução ou por duas traduções de um mesmo segmento. No primeiro caso, use a atividade para discutir como determinados termos foram traduzidos (ex.: pajé, maracá, taba, Iracema e virgem dos lábios de mel). Caso os pares sejam formados a partir de duas traduções de um mesmo segmento, a atividade pode ser usada para analisar as diferentes escolhas feitas pelo tradutor britânico e o americano. Como as traduções foram feitas em épocas bastante diferentes (a americana é de 2000 e a britânica é de 1886), você também deverá levar esse aspecto em consideração nas análises. Retire mais frases de outros trechos do romance ou de outras obras do mesmo autor. Não invente sentenças. (15 A 20 MINUTOS)

Você também poderá optar por usar as cartas como se fossem um baralho, e nesse caso os pares poderão ser formados conforme os jogadores forem retirando cartas uns dos outros[46].

Exemplos de expressões que podem ser comparadas:

favo da jati	*jati's honeycomb*	comb of the Játy-bee
Pajé	Pajé	Pagé
vibrou o maracá	rattled the gourd	shook the Maraca-rattle
cabana	Hut	cabin
estrangeiro	Foreigner	stranger
hóspede	Guest	guest

---

[46] Mais importante do que determinar quem venceu ou perdeu é criar regras para que os pontos somente sejam atribuídos aos que realmente analisaram as cartas e seu conteúdo.

Araquém	Araquém	Araken
irmão de Iracema	Iracema's brother	brother of Iraçéma
taba	Village	Taba
pitiguaras	Pitiguaras	Pytiguáras
virgem dos lábios de mel	the maiden with lips of honey	the maiden of the honied lips

SEGUNDA AULA

4 | Retomando

Observe as cartas que foram trabalhadas na aula anterior. Vamos montar um resumo comparativo como o que vimos nessa aula?

Instruções para o professor: esta atividade servirá de aquecimento, para que os alunos relembrem o que foi visto na aula anterior. Não se esqueça de reforçar os conceitos relacionados à realidade histórica e cultural dos três momentos de produção dos textos estudados (um original e duas traduções). Analise com os alunos as diversas traduções e procure fazer com que eles montem o quadro em seus cadernos, ao mesmo tempo em que você vai montando seu resumo no quadro. Aproveite para fazer reflexões que não tenham sido feitas na aula anterior (como as diferenças decorrentes de variações diacrônicas e/ou diatópicas). A conversa vai ser em português e inglês, pois o foco são os diferentes aspectos culturais e seu reflexo na língua inglesa. (10 MINUTOS)

5 | Explorando

Agora vamos pesquisar as imagens mentais relacionadas com as diferentes palavras usadas em português e em inglês?

Instruções para o professor: para esta atividade, os alunos precisarão ter acesso a um computador com conexão à Internet para que vejam os resultados da pesquisa pelo Google imagens (ou, na impossibilidade desse acesso, o professor deve preparar a pesquisa previamente, imprimir os resultados e levar as imagens impressas para os alunos). Procure mostrar aos alunos que, embora existam diferentes resultados para cada palavra, em geral existe um padrão, uma similaridade entre elas, o que revela a imagem mental que os falantes têm ao lerem ou ouvirem determinada palavra ou expressão. Leve os alunos a compararem as diferentes imagens obtidas para as traduções de uma mesma palavra. (20 MINUTOS)

6 | Praticando

Agora vamos refletir sobre o texto, suas marcas culturais e procurar criar uma nova tradução.

a) Qual dos textos mais agradou a classe?

b) Vocês perceberam que as imagens apresentadas pelas palavras podem variar de uma época para outra?

c) Ler o texto em voz alta ajudou vocês a perceber problemas que não haviam notado apenas ao escrever?

Instruções para o professor: peça aos alunos que proponham outras traduções para os excertos. Desse modo estarão não só observando diferentes estratégias de tradução, mas também passarão a criar, eles mesmos, novas maneiras de traduzir os termos culturalmente marcados. Assim, você estimula seus alunos a construírem novas frases, levando em consideração aspectos culturais, históricos e, evidentemente, gramaticais e lexicais. Ao fazerem isso, seus alunos passarão a ser mais autônomos, pois aprenderão os "caminhos" para a construção do conhecimento, de modo colaborativo e autônomo. A nova tradução para o inglês pode ser feita em pequenos grupos e deve ser apresentada oralmente para a classe. (20 MINUTOS)

7 | Pesquisando

Para casa – Pesquisem na Internet as novas imagens relativas às traduções feitas em classe e procurem montar um quadro ilustrativo que reflita os principais componentes do texto.

MODELO DE ATIVIDADE 2

VOCÊ TEM O CONTEÚDO E O TEMA, MAS NÃO SABE QUAL CORPUS USAR E COMO USÁ-LO

A título de exemplo, vamos imaginar que você precise preparar um grupo de alunos para ler textos escritos em inglês de uma determinada área do conhecimento. Muitas vezes os alunos já têm os textos da área, mas você pode ter dificuldade em determinar quais vocábulos devem ser ensinados.

O Lextutor possui uma série de ferramentas, que merecem ser estudadas e adotadas por professores e estudantes de língua inglesa. Entre elas, a que utilizaremos nesta atividade é a denominada *Vocabulary Profiler* (VP). *Vocabulary Profilers* são ferramentas computacionais que segmentam os textos em palavras e classificam os vocábulos segundo a frequência de ocorrência de cada um deles, dividindo-os basicamente em quatro grupos: os dois primeiros grupos reúnem as 2.000 palavras de maior frequência (K1 e K2); o terceiro grupo inclui as chamadas palavras acadêmicas (AWL Words) e o último grupo inclui palavras chamadas "off-list", ou seja, que não foram incluídas em nenhuma das outras três listas. Os VPs são usados tanto para pesquisa quanto em ambientes de ensino de idiomas.

Ingredientes

- Conexão à Internet e o *site* que disponibiliza o programa Lextutor
- Um programa para salvar em computador os textos obtidos na busca
- Uma impressora para que você possa ter em papel impresso os textos selecionados
- Textos técnicos escolhidos pelos próprios alunos

Modo de Fazer

1. Acesse o *site* do Lextutor e pesquise os recursos que o programa disponibiliza. Note que há muitos tipos de buscas e pesquisas que podem ser feitos. Sendo assim, é conveniente que você observe bem a localização da ferramenta *Vocabulary Profiler* (VP), que será utilizada na atividade apresentada no modelo a seguir.

2. Prepare os alunos para a atividade, mostrando a eles as diversas ferramentas e enfatizando que será utilizada apenas uma, mas que as demais podem (e devem) ser exploradas futuramente por eles (assim você estará desenvolvendo a curiosidade e a autonomia dos alunos).

> **3.** Com textos pré-selecionados por você, mostre aos alunos quais são os resultados possíveis ao se trabalhar com o *Vocabulary Profiler* (VP).

Rendimento

Aproximadamente 2 aulas (de 50 minutos cada).

PRIMEIRA AULA

1 | Aquecendo

Vamos ao laboratório de informática[47] para encontrarmos alguns textos técnicos em inglês? Vamos "descobrir" quais são as palavras que vocês precisarão aprender?

Instruções para o professor: comece a aula perguntando o que os alunos sabem sobre o assunto. Se os alunos tiverem pouco conhecimento de inglês, você deve pesquisar previamente o tema, a fim de determinar quais palavras em inglês serão boas "palavras de busca"[48] para iniciarem a busca por textos da área em inglês. Casos eles já tenham algum conhecimento de inglês técnico, peça que façam um rápido levantamento das palavras e expressões que eles já conhecem (use essas palavras para obter textos da área em um buscador, por exemplo, Google, Ask, Bing) utilizando estratégias de pesquisa (aspas, sinal de subtração para excluir palavras que não deseje que apareçam nos resultados etc.). Neste nosso exemplo, vamos supor que seus alunos estejam precisando ler textos de química, especificamente para tratarem de termos relacionados a petróleo.[49] (10 MINUTOS)

2 | Explorando

Agora vamos analisar os diferentes textos com o VP?

Instruções para o professor: caso os computadores estejam em rede, coloque os textos a serem analisados em uma pasta de compartilhamento. (30 MINUTOS)

A título de exemplo, coletamos da Wikipedia[50] um texto sobre petróleo escrito em inglês[51] e fizemos sua análise com o VP.

O resultado é disposto com as palavras divididas em quatro grupos (K1, K2, AWL e off-list). O grupo em que seus alunos devem se concentrar é AWL Words (academic). O VP também mostra o texto colorido, conforme o código relativo aos grupos (azul para K1, verde para K2, amarelo para AWL e vermelho para *off-list*).

Observe a lista das palavras do terceiro grupo, obtida pelo VP para o texto em questão:

> AWL types: [60:66:74] category_[1] chemical_[1] citation_[1] commodity_[1] complex_[1] components_[1] compounds_[2] concept_[1] consists_[1] consumed_[1] consumers_[1] consumes_[1] consumption_[2] displace_[1] distribution_[1]

DICA: oriente os alunos a copiarem (comando "control C") e colarem (comando "control V") os textos para suas máquinas e não recortarem o texto (comando "control X"), caso contrário todos os demais colegas ficarão sem acesso aos arquivos da rede. Esta etapa será muito importante para que os alunos explorem a ferramenta VP ao máximo, utilizando seus conhecimentos técnicos da área para inferir os significados das palavras que ficarem classificadas no terceiro grupo (textos acadêmicos).

---

[47] Se não for possível usar o laboratório, você terá que fazer todas as pesquisas antecipadamente e iniciará a atividade a partir da análise dos dados e da criação de jogos.

[48] Palavras de busca, aqui, são aqueles termos ou assuntos aos quais um conteúdo está relacionado.

[49] Outra maneira de iniciar esta atividade é pedir que os alunos já tragam de casa os textos em inglês que eles gostariam de estudar. Desse modo, além de assegurar o uso de material autêntico, você está partindo da realidade dos alunos.

[50] http://en.wikipedia.org/wiki/Wikipedia (Acesso em 01/12/2011).

[51] http://en.wikipedia.org/wiki/Petroleum_industry (Acesso em 01/12/2011).

> economic_[1] economy_[1] edit_[2] emerged_[1] energy_[3] environmental_[1] eventual_[1] evolved_[1] exposure_[1] extracted_[1] extraction_[1] files_[1] generated_[1] global_[1] impact_[1] inevitable_[1] input_[1] layers_[2] maintenance_[1] major_[1] method_[1] normally_[1] occurring_[1] output_[1] percentage_[1] period_[1] plus_[1] primarily_[1] processes_[1] prospective_[1] ranging_[1] ratio_[1] refining_[3] regions_[1] rely_[1] research_[1] resource_[1] resources_[1] revolution_[1] sectors_[1] sources_[1] statistical_[1] supplement_[1] sustainability_[1] text_[1] theory_[1] transforming_[1] transporting_[1] utilized_[1] virtually_[1] volume_[1]

3 | Praticando

Vamos trabalhar com o texto? Será que conseguiremos encontrar termos compostos[52] a partir das palavras da lista anterior?

Instruções para o professor: peça que os alunos observem o texto (inteiro), procurem descobrir quais são as expressões, termos compostos e palavras que "acompanham" as palavras da lista acima e anotem em seus cadernos os agrupamentos de palavras encontrados (você pode trabalhar com os alunos o conceito de colocação, mesmo sem a necessidade de utilizar o termo técnico. (10 MINUTOS)

4 | Pesquisando

Para casa – Para a próxima aula, pesquisem outros textos, utilizando o VP, e tragam para aula pelos menos mais 20 palavras que considerem importantes e que precisem ser estudadas. Tragam uma cópia impressa dos textos que deram origem às pesquisas feitas com o VP na tarefa para casa.

SEGUNDA AULA

5 | Aquecendo

Vamos começar reunindo um grande banco de palavras, montando uma base de dados?

Instruções para o professor: peça que os alunos escrevam no quadro os agrupamentos de palavras e/ou palavras que eles encontraram em sua lição de casa. Enfatize a importância de todos observarem as palavras que já estão no quadro, para que não sejam escritas palavras repetidas. (15 MINUTOS)

6 | Discutindo

Observem todas estas palavras no quadro. Você seria capaz de criar critérios para separá-las por seu significado?

Instruções para o professor: faça com que os alunos percebam as diferentes classes de palavras (ex.: equipamentos, instrumentos, processos, localidades). (10 MINUTOS)

7 | Praticando

Agora vamos testar o quanto vocês conseguiram apreender do vocabulário, a partir de suas pesquisas.

Instruções para o professor: faça com que os alunos entreguem os textos que trouxeram impressos e redistribua-os para alunos diferentes. Cada um deve ler seu texto e procurar contar

---

[52] Termos compostos são aqueles formados por duas ou mais palavras relacionadas.

aos demais o que entendeu da leitura. É importante que os alunos percebam que conseguiram entender melhor os textos graças às pesquisas prévias que fizeram autonomamente, em casa, usando o VP. (25 MINUTOS)

8 | Pesquisando

Para casa — Troquem novamente os textos entre os colegas. Vocês agora são capazes de compreender melhor o conteúdo técnico apresentado?

Instruções para o professor: caso os alunos não consigam ainda ler e compreender o texto todo, o importante é que percebam que o processo é cumulativo, ou seja, quanto mais eles tomarem contato com textos autênticos, mais expostos aos termos e expressões da área escolhida eles estarão e estes provavelmente aparecerão em outras ocasiões, quando estiverem lendo ou escutando falar sobre o tema.

Trabalhando interdisciplinarmente

ACOMPANHAMENTOS

No modelo 1 podemos trabalhar com os professores de Português e Geografia/História. É possível pedir ao professor de Português que prepare aulas a respeito da vida e da obra do autor estudado. Essas informações são discutidas em ambas as aulas (de Inglês e de Literatura). Com o professor de Português podemos trabalhar as diferenças entre a língua portuguesa dos dias atuais e aquela em que está escrito o texto. Nas aulas de Geografia e História os alunos podem aproveitar as informações contidas nos textos usados na atividade de inglês para localizar em mapas as áreas em que se situam as tribos indígenas brasileiras, levantando questões como desmatamento, preservação de áreas indígenas, demarcação de terras, talvez também porque os escritores daquela época falavam sobre os índios, pois eles eram vistos como parte integrante da cultura nacional, o que parece ter mudado recentemente.

No modelo 2 podemos trabalhar com os professores de Química (no caso do texto apresentado como exemplo), Biologia e Português. O professor de Química pode ensinar aos alunos sobre a destilação do petróleo[53] e pode confirmar se o entendimento dado aos textos está tecnicamente correto. Com o professor de Biologia pode ser trabalhado o aspecto biológico dos compostos de carbono, seu poder de gerar energia, as fontes de energia limpa, a poluição. Em Português, os alunos podem escrever um artigo jornalístico falando sobre o petróleo e seus derivados, utilizando os conhecimentos adquiridos nos diversos textos que foram lidos em sala.

---

[53] Esta atividade também pode se relacionar com a atividade proposta na seção anterior, quando abordamos os polímeros, ou seja, o professor de Química pode iniciar falando do petróleo e então passar a explicar os polímeros.

INFORMAÇÕES ADICIONAIS

Glossário
Bibliografia
Links úteis
Organizadores e autores

Glossário

Rosana de Barros Silva e Teixeira e Telma de Lurdes São Bento Ferreira

Neste glossário, apresentamos alguns dos termos usados no livro. Eles estão ordenados alfabeticamente. Nossa seleção se baseou na frequência de ocorrência, mas não só. Escolhemos definir também noções da Linguística de Corpus importantes para o entendimento das propostas sugeridas nos capítulos.

A fim de orientar o leitor, os termos utilizados na redação das definições que fazem parte do glossário foram marcados com um asterisco (*). O objetivo é sinalizar a eventual necessidade de aquisição do conceito expresso pelo termo destacado para compreensão do termo pesquisado.

Os casos de polissemia – significados diferentes atribuídos a um mesmo termo – foram sinalizados com um número arábico sobrescrito dentro do verbete, como em:

palavra de busca: ^{1}expressão escolhida para ser analisada (...); ^{2}expressão de pesquisa (...).

Sinônimos – termos diferentes para um mesmo significado – estão precedidos pela abreviatura **SIN**.

As notas trazem informações sobre as formas de emprego do termo nos capítulos desta obra ou ainda sobre o uso dele no plural.

Em itálico estão termos da língua inglesa. Os que estão em maiúsculas correspondem a nomes próprios.

agrupamento de palavras: sequência de palavras fixa e recorrente em um corpus*. Do ponto de vista estrutural, pode estar bem definido, como "bom dia", ou corresponder a um fragmento de um grupo maior, como "de acordo com".
Nota: nesta obra foi também chamado de multipalavras e *cluster*.

***Cluster*:** ferramenta de análise linguística que lista os agrupamentos de palavras* mais frequentes da palavra de busca*.

***Collocates*:** ferramenta de análise linguística que apresenta os possíveis colocados* à direita e à esquerda da palavra de busca*, organizados por ordem de frequência.

colocação: coocorrência de duas palavras comprovada estatisticamente, ou seja, são palavras que tendem a se combinar ("andar juntas") com uma certa frequência. Assim, por exemplo, alguns dos colocados* para "vinho" seriam "branco", "seco", "suave" e "tinto".
Nota: nesta obra foi também chamada de *collocation*, nome que assume na língua inglesa.

colocado: palavra que ocorre com outra e cuja comprovação foi atestada estatisticamente, como "tinto" na colocação* "vinho tinto".

***Concordance Plot*:** ferramenta de análise linguística que apresenta os resultados da busca em formato de barras. Cada barra representa a localização da palavra de busca* no corpus*.

concordância: trecho(s) do corpus* listado(s) por uma ferramenta de análise linguística (*Concordance* ou concordanciador, em português). Essa listagem asseme-

lha-se a linhas de um texto. Nelas, a palavra de busca* vem centralizada e acompanhada daquelas que ocorrem à sua direita e à sua esquerda.
Nota: nesta obra foi também chamada de *concordance*, tal qual na língua inglesa.

corpus: reunião criteriosa e o mais abrangente possível de textos ou de transcrições de fala digitalizados. Presta-se à observação da língua em uso com o apoio de computador.
Nota: o plural é corpora.

linguagem autêntica: língua (falada ou escrita) em uso, isto é, natural, não inventada para ser analisada.

Linguística de Corpus: disciplina que investiga a língua em uso, tanto escrita quanto falada, por meio de corpus*.

lista de palavras: relação de palavras de um corpus* por ordem de frequência ou alfabética.
NOTA: nesta obra foi também chamada de *wordlist*, nome que recebe na língua inglesa.

ocorrência: manifestação de uma palavra ou expressão no corpus*.

padrão: coocorrência frequente de palavras que implica regularidade de forma e de sentido, como em "café da manhã", cujo sentido (refeição matinal) é compreendido pelo bloco como um todo e não pela soma dos significados de "café", "de" e "manhã".

palavra de busca: [1]expressão escolhida para ser analisada em uma concordância*. SIN.: nódulo; [2]expressão de pesquisa em buscadores da Internet.

.txt: tipo de arquivo de texto simples, sem formatação. Costuma ser salvo no programa Bloco de Notas, do sistema operacional *Windows*. Esse tipo de arquivo é o mais exigido pelos programas de análise linguística para processamento dos dados.

Vocabulary Profiler (VP): ferramenta de análise linguística que segmenta textos em palavras e as classifica segundo listas de palavras predeterminadas, com a frequência de ocorrência de cada uma delas, dividindo-as em quatro grupos: as 1.000 e 2.000 palavras de maior frequência, as chamadas palavras acadêmicas e as palavras que não foram incluídas em nenhuma das outras três listas.

Wordlist: ferramenta de análise linguística que produz listas de palavras*.

Bibliografia

AIJMER, K. *English discourse particles: evidence from a corpus*. Filadélfia: John Benjamins Publishing Co., 2002.

ALVES, L. Relações entre os jogos digitais e aprendizagem: delineando percurso. In: *Educação, Formação & Tecnologias;* vol.1(2); pp. 3-10, Novembro de 2008. Universidade do Minho, Braga: Portugal. Disponível em: http://eft.educom.pt. Acesso em outubro de 2011.

BÉRTOLI-DUTRA, P. *Linguagem da música popular anglo-americana de 1940 a 2009*. 2005. 127 f. Dissertação inédita (Mestrado em Linguística Aplicada e Estudos da Linguagem). Pontifícia Universidade Católica de São Paulo, São Paulo. Disponível em http://www4.pucsp.br/pos/lael/lael-inf/def_teses.html. Acesso em 17 de outubro de 2011.

BERBER SARDINHA, T. *Pesquisa em linguística de corpus com Wordsmith Tools*. Campinas: Mercado de Letras, 2009.

_____. *Linguística de corpus*. São Paulo: Manole, 2004.

_____. Como usar a linguística de corpus no ensino de língua estrangeira: por uma linguística de corpus educacional brasileira. In: VIANA, V. & TAGNIN, S. E. O. (Orgs.). *Corpora no ensino de línguas estrangeiras*. São Paulo: HUB Editorial, 2011.

BIBER, D. et al. *Longman Grammar of spoken and written English*. Harlow: Longman, 1999.

BIBER, D., CONRAD, S., & REPPEN, R. *Corpus Linguistics – Investigating Language Structure and Use*. Cambridge: Cambridge University Press, 1998.

BISSACO, C. M. *Interação e mediação em aulas de espanhol com corpora*. 254 fls. Tese (Doutorado em Linguística Aplicada e Estudos da Linguagem), Pontifícia Universidade Católica de São Paulo, São Paulo, 2010.

BRADDOCK, B. *Using films in the English class*. Hemel Hempstead: Phoenix ELT, 1996.

BRAZIL, D. *Pronunciation for advanced learners of English*. Cambridge: CUP, 1994.

BRINTON, D. The use of media in language teaching. In: CELCE-MURCIA, M. (Ed). *Teaching English as a second or foreign language*. Boston: Heinle & Heinle Publishers, 2001. p. 454-471.

Collins dicionário inglês/português, português/inglês. São Paulo: DISAL, 2009.

DAVIES, M. (2008-) The Corpus of Contemporary American English: 425 million words, 1990-present. Disponível em http://corpus.byu.edu/coca/. Acesso em 01/12/2011.

GEE, J. P. Bons videogames e boa aprendizagem. *Perspectiva*, Florianópolis, v. 27, n. 1, 167-178, jan./jun. 2009. Disponível em: http://www.perspectiva.ufsc.br/perspectiva_2009_01/James.pdf. Acesso em outubro de 2011.

HANCOCK, M. *English pronunciation in use*. Cambridge: CUP, 2003.

HEWINGS, M. (1993). *Pronunciating tasks: a course for pre-intermediate learners*. Cambridge: CUP, 1993.

JOHNS, T., & KING, P. Classroom Concordancing. *ELR Journal* 4. Centre for English Language Studies, University of Birmingham. Birmingham, 1991.

JONES, D. *Cambridge English pronouncing dictionary*. Cambridge: CUP, 2003.

HASSELGREN, A. Learner Corpora and language testing: smallwords as markers of learner fluency. In: GRANGER, S.; HUNG, J.; PETCH-TYSON, S. (Eds.). *Computer learner corpora, second language acquisition and foreign language teaching*. Amsterdã: John Benjamins Publishing Co., 2002, p.143-173.

KING, J. Using DVD feature films in the EFL classroom. *The Weekly Column*, art. 88, feb. 2002. Disponível em: http://www.eltnewsletter.com/back/February2002/art882002.htm. Acesso em 07 de abril de 2008.

LÜDELING, A., & KYTO, M. (Orgs.). *Corpus Linguistics – An International Handbook* (Vol. 1). Berlin / New York: Walter de Gruyter, 2008.

LÜDELING, A., & Kytö, M. (Orgs.). *Corpus Linguistics – An International Handbook* (Vol. 2). Berlin / New York: Walter de Gruyter, 2009.

McENERY, T., & WILSON, A. *Corpus linguistics*. Edinburgh: Edinburgh University Press, 1996.

O'KEEFFE, A., & McCARTHY, M. (Orgs.). *The Routledge handbook of corpus linguistics*.1st ed. London/New York: Routledge, 2010.

STEMPLESKI, S.; ARCARIO, P. *Video in second language teaching: using, selecting and producing video for the classroom*. Alexandria, Virgínia: TESOL, 1992.

RÖMER, U. Corpus research applications in second language teaching. *Annual Review of Applied Linguistics*, 31, p. 205-225, 2011.

TEUBERT, W., & KRISHNAMURTHY, R. (Orgs.). *Corpus linguistics – critical concepts in linguistics*. Londres/New York: Routledge, 2007.

TOMLINSON, B. *Developing materials for language teaching*. New York: Continuum, 2003.

VINCE, M. *Macmillan English grammar in context: advanced*. Oxford: Macmillan, 2008.

Links úteis

COCA – *The Corpus of Contemporary American English: 425 million words, 1990-present*. Disponível em http://corpus.byu.edu/coca/.

Programa de análise linguística *AntConc* – Disponível para download em http://www.antlab.sci.waseda.ac.jp/software.html

Capítulo de música

DICAS DE *SITES* DE LETRAS DE MÚSICA:

www.songlyrics.com
www.elyrics.net/
www.azlyrics.com
www.lyrics.com/
www.lyricsfreak.com/
www.vagalume.com.br/
letras.terra.com.br/

Capítulo de games

Vídeo do YouTube com tutorial do jogo *Renaissance Kingdoms*:
http://www.youtube.com/watch?v=vCjj1lcXrqQ

Links para *sites* com vários tutoriais (*walkthroughs*) de diversos jogos:

http://www.gamezebo.com/walkthroughs/all
http://www.gameboomers.com/walkthroughs.html
http://www.supercheats.com/

Links para *sites* com vários tutoriais (*walkthroughs*) para o *Renaissance Kingdoms*:

http://www.ehow.com/how_2258648_get-good-renaissance-kingdoms.html
http://www.wikihow.com/Get-Good-in-Renaissance-Kingdoms
http://xenina.blogspot.com/search/label/Renaissance%20Kingdoms

Links sobre a Renascença (em inglês):

http://en.wikipedia.org/wiki/Renaissance
http://www.realarmorofgod.com/renaissance-era.html
http://www.erasofelegance.com/history/renaissancelife.html

Links sobre e para criar fóruns de discussão:

http://pt.wikipedia.org/wiki/F%C3%B3rum_de_discuss%C3%A3o
http://www.forumeiros.com/
http://www.forums-free.com/pt_br/
http://www.queroumforum.com/web/

Vídeo do YouTube mostrando o jogo *Julia's Quest*:
http://www.youtube.com/watch?v=PFAcr8z8HQ4&feature=related

***Links* sobre e para criar *blogs*:**
http://pt.wikipedia.org/wiki/Blog
https://www.blogger.com/start?hl=pt-BR
http://www.criarumblog.com/
http://pt-br.wordpress.com/

***Links* sobre games:**
http://gtds.net/games/rpg/

Instruções – Movie Maker:
myths.e2bn.org/library/1157364926/moviemaker.doc

Instruções – Live Movie Maker:
http://www.thewindowsclub.com/windows-live-movie-maker-photo-gallery-work-smarter-together

***Downloaders* para vídeos do YouTube:**
http://www.chromeextensions.org/other/easy-youtube-video-downloader/
http://www.yourvideofile.com/
http://www.frostclick.com/wp/index.php/2012/03/29/atube-catcher-capture-your-favorite-online-videos/

Organizadores e autores

Email para contato: tecnologias@corpuslg.org

Organizadores

Prof. Dr. Tony Berber Sardinha

Possui graduação em Letras pela Pontifícia Universidade Católica de São Paulo (1986), mestrado em Linguística Aplicada e Estudos da Linguagem pela Pontifícia Universidade Católica de São Paulo (1991), doutorado em Inglês pela University of Liverpool (1997, com Michael Hoey), pós-doutorado na Northern Arizona University (2004, com Douglas Biber). Pesquisador do CNPq, coordena projetos financiados por essa agência e pela Fapesp. Atualmente é professor associado da Pontifícia Universidade Católica de São Paulo, chefe do departamento de Linguística. Faz parte do conselho editorial de várias revistas especializadas, como *Corpora* (University of Edinburgh), *International Journal of Corpus Linguistics* (John Benjamins), *Metaphor and the Social World* (John Benjamins), *Revista de Estudos da Linguagem* (UFMG), entre outras, além da série *Metaphor in Language, Cognition, and Communication* (John Benjamins). É editor das séries *Espaços da Linguística de Corpus* (Mercado de Letras) e *Corpora na sala de aula* (DISAL), e membro do conselho executivo das associações Researching and Applying Metaphor (RaAM) e Associação Latino-Americana de Linguística Sistêmico-Funcional (ALSFAL) e das revistas *DELTA* e *The ESPecialist*. Possui muitas publicações na área, entre livros, artigos, capítulos e entrevistas, além de palestras, apresentações e oficinas em congressos no país e no exterior. Tem formado muitos pesquisadores, entre mestres e doutores, além de supervisionar pós-doutores e orientar iniciação científica e TCC. Tem experiência nas áreas de Linguística e Linguística Aplicada, com ênfase em Linguística de Corpus. Sua pesquisa enfoca a aplicação de corpora em diversos campos, entre eles estudo da metáfora, preparação de material didático, ensino de língua estrangeira, linguística forense, tradução, análise de gênero e de registro, entre outros, além do próprio desenvolvimento de corpora e de ferramentas de análise de dados.

Currículo completo disponível em: http://buscatextual.cnpq.br/buscatextual/visualizacv.do?metodo=apresentar&id=K4784089A5›.

Profa. Dra. Tania M. G. Shepherd

É professora associada da Universidade do Estado do Rio de Janeiro e, desde 2003, é pesquisadora da FAPERJ. Possui graduação em Português-Inglês pela Universidade Estadual do Rio de Janeiro (UERJ), mestrado em Língua Inglesa pela Universidade Federal do Paraná e diploma em TEFL pela Royal Society of Arts, Reino Unido. Obteve seu doutorado em Língua Inglesa pela Birmingham University, no Reino Unido (em 1993, com Michael Hoey) e fez estágio de pós-doutoramento com Tony Berber Sardinha, na Pontifícia Universidade Católica de São Paulo. Na UERJ desde 1994, vem ensinando escrita e gramática do inglês, além de Tecnologia, Estudos da Tradução, para a Graduação e Especialização em Língua Inglesa. Orienta alunos de Iniciação Científica e Mestrado, além de professores de inglês das redes pública e particular. Publica nas áreas de ensino e aprendizagem da língua inglesa e análise linguística das novas formas de comunicação digital.

Currículo completo disponível em: <http://lattes.cnpq.br/2577746154458649>.

Profa. Denise Delegá-Lúcio

Doutoranda e mestre em Linguística Aplicada e Estudos da Linguagem pela Pontifícia Universidade Católica de São Paulo, desenvolvendo trabalhos na área de ensino de língua estrangeira em cursos presenciais e *online*. Sua pesquisa e áreas de interesse envolvem linguagem dos alunos de inglês, linguagem e motivação no trabalho e no ensino, produção de material didático para uso em sala de aula presencial e *online*, aplicação diagnóstica da análise multidimensional e uso de tecnologia na educação. Fluente em inglês, espanhol e italiano. Dezenove anos de experiência em ensino de língua estrangeira, sete anos de experiência na coordenação de cursos e desenvolvimento de pessoas e cinco anos de atuação em ensino à distância e design de cursos *online*.

Currículo completo disponível em: <http://lattes.cnpq.br/6570655842289883>.

Profa. Telma de Lurdes São Bento Ferreira

Mestre no Programa de Estudos Pós-Graduados em Linguística Aplicada e Estudos da Linguagem da PUC-SP, na área de Linguística de Corpus, sob a orientação do Prof. Dr. Tony Berber Sardinha. Especialista em Tradução Inglês/Português pela Universidade de São Paulo. Membro do Grupo de Pesquisa em Linguística de Corpus (GELC). Pesquisadora da Autenticidade de Livros Didáticos de Português como Língua Estrangeira (PLE) e da Elaboração de Atividades para o Ensino de Português para Estrangeiros, desempenhando ambas as atividades por meio do emprego de *corpora* eletrônicos. Atua no ensino de idiomas e tradução há mais de dez anos como uma das sócias da empresa Lexikos Cursos e Traduções. Coautora do livro didático *Muito prazer – fale o português do Brasil*, curso de português para estrangeiros publicado pela Disal Editora. Ministrou vários cursos de formação para professores de língua inglesa.

Currículo completo disponível em: <http://lattes.cnpq.br/6041298769310860>.

Autores

Profa. Ana Julia Perrotti-Garcia

Graduada em Odontologia pela Faculdade de Odontologia da Universidade de São Paulo; bacharel em Letras pelas Faculdades Metropolitanas Unidas de São Paulo; e especialista em Tradução pelo Citrat Faculdade de Filosofia, Letras e Ciências

Humanas da Universidade de São Paulo. Mestre no Programa de Estudos Pós-Graduados em Linguística Aplicada e Estudos da Linguagem da Pontifícia Universidade Católica de São Paulo, na área de Linguística de Corpus, sob a orientação do Prof. Dr. Tony Berber Sardinha. Doutoranda em Estudos Linguísticos e Literários em Inglês na Faculdade de Filosofia, Letras e Ciências Humanas da Universidade de São Paulo. Professora dos cursos de pós-graduação em Tradução das Universidades UNINOVE (professora convidada) e Unibero/Anhanguera e Franca-SP. Criadora de disciplinas para EAD em Tradução para Faculdades Claretianas e Letras – Literatura Infantil para Anhanguera Educacional. Professora do curso de Letras (Tradução Inglês/Português) das Faculdades Metropolitanas Unidas de São Paulo. Criadora e professora do curso de extensão Novas Tecnologias a Serviço do Tradutor pelo COGEAE da Pontifícia Universidade Católica de São Paulo. Traduziu mais de 30 extensos livros de texto, médicos e odontológicos, para editoras brasileiras e internacionais. Autora de 6 dicionários e de 3 cursos de inglês para profissionais das áreas da Saúde e Letras. Editora Regional da Revista Internacional *Connexions*. Membro do conselho editorial de uma grande editora brasileira (cargo sob sigilo contratual). Palestrante nacional e internacional.

Currículo completo disponível em: <http://lattes.cnpq.br/1530203953473331>.

Profa. Cristina Mayer Acunzo

Mestranda com bolsa CAPES do Programa de Pós-graduação em Linguística Aplicada e Estudos da Linguagem da Pontifícia Universidade Católica de São Paulo, na área de Linguística de Corpus. Professora no curso de graduação em Letras, Licenciatura e Tradução (Faculdades Metropolitanas Unidas) das seguintes disciplinas em língua inglesa: Pronúncia, Produção Textual, Metodologia e Prática de Ensino, Sintaxe, Semântica, Estudos Literários e Práticas de Versão e de Tradução. Professora nos cursos Ensinando Inglês de Verdade e Estratégias em Tecnologia para Produção de Material Didático na Pontifícia Universidade Católica de São Paulo - COGEAE. Possui 15 anos de experiência como professora de inglês como língua estrangeira e trabalhou durante 5 anos na criação de materiais didáticos. Membro do grupo de pesquisa GELC – Grupo de Estudos de Linguística de Corpus, atua nos seguintes temas: Linguística de Corpus, desenvolvimento de aulas e materiais didáticos para o ensino de inglês como língua estrangeira para profissionais de áreas específicas e para aulas particulares.

Currículo completo disponível em: <http://lattes.cnpq.br/3403118530601124>.

Profa. Márcia Regina Boscariol Bertolino

Possui graduação em Letras pelo Centro Universitário Fundação Santo André (2001). Mestre no Programa de Estudos Pós-Graduados em Linguística Aplicada e Estudos da Linguagem da Pontifícia Universidade Católica de São Paulo, na área de Linguística de Corpus, sob a orientação do Prof. Dr. Tony Berber Sardinha. Pesquisadora da Linguagem dos Videogames e sua Aplicação como Ferramenta para o

Ensino de Inglês. Professora coordenadora da Oficina Pedagógica da área de Língua Portuguesa junto à Diretoria de Ensino da Região de Mauá. Professora de inglês para executivos em empresas e *personal teacher*. Atua ainda como tradutora e revisora trilíngue de textos (português, inglês e espanhol).

Currículo completo disponível em: <http://lattes.cnpq.br/2314180189861341>.

Profa. Marcia Veirano Pinto

Graduada em Administração de Empresas pela Fundação Armando Álvares Penteado (1992); mestre e doutoranda no Programa de Estudos Pós-Graduados em Linguística Aplicada e Estudos da Linguagem da Pontifícia Universidade Católica de São Paulo, na área de Linguística de Corpus, sob a orientação do Prof. Dr. Tony Berber Sardinha. Ex-professora do curso de extensão universitária "Ensinando Inglês de Verdade" na Pontifícia Universidade Católica de São Paulo - COGEAE. Atua na área de Letras, com ênfase em Línguas Modernas, principalmente nos seguintes temas: Linguística de Corpus, Tradução, Capacitação de Professores e Ensino e Aprendizagem de Língua Estrangeira. Tradutora e intérprete com certificação pela Associação Alumni, foi colaboradora, em ambas as funções, de empresas como Rádio e TV Cultura, Fundação Bienal de Arte Moderna e Research International, entre outras. Possui o Certificate of Proficiency in English (nota "A") e o Certificate for Overseas Teachers of English, ambos obtidos junto à Universidade de Cambridge.

Currículo completo disponível em: <http://lattes.cnpq.br/6945347919104389>.

Profa. Dra. Maria Cecília Lopes

Doutora em Linguística Aplicada; membro do Grupo de Pesquisa em Linguística de Corpus (GELC), desenvolvendo pesquisas sobre produção de material didático com *corpora*; coordenadora de tutores do Curso de Inglês Online da Escola Virtual de Programas Educacionais do Governo do Estado de São Paulo em parceria com a Fundação Padre Anchieta; professora no curso de graduação em Tradução (Faculdades Metropolitanas Unidas); professora no curso de pós-graduação em Tradução (Unibero-Anhanguera); professora no curso de Letras (Faculdades Integradas Paulistas). Os seguintes temas são de seu interesse de pesquisa e ensino: Linguística Aplicada, Linguística de Corpus, Tradução, Metodologia de Ensino de Língua Inglesa, Prática de Ensino e Estágio Supervisionado. Coautora do livro *A formação do professor de língua(s)*: interação entre o saber e o fazer. São Paulo: Andross, 2006. Autora do livro *Compreensão oral em língua inglesa*. Curitiba: IESDE, 2008. Coordenadora da 3a. edição revista e ampliada do *Minidicionário Rideel Inglês-Português-Inglês*. São Paulo: Rideel. 2011.

Currículo completo disponível em: <http://lattes.cnpq.br/8191173574367996>

Profa. Dra. Patrícia Bértoli-Dutra

Mestre e doutora no Programa de Estudos Pós-Graduados em Linguística Aplicada e Estudos da Linguagem da Pontifícia Universidade Católica de São Paulo, na área de Linguística de Corpus, sob a orientação do Prof. Dr. Tony Berber Sardinha. Professora no Centro Universitário Toledo, em Araçatuba, desde 1992, com experiência na área de Letras, atuando principalmente no Ensino de Língua Inglesa e Formação de Professores. Os seguintes temas são de seu interesse de pesquisa e ensino: Inglês, Ensino, Linguística de Corpus e Letras de Música e Ensino de Língua Estrangeira -- mais especificamente, Ensino de Inglês com Letras de Música. Desenvolveu parte de sua pesquisa de doutorado nos Estados Unidos, na Mississippi State University, com apoio da CAPES (bolsa de estágio sanduíche – PDEE), de março a novembro de 2009.

Currículo completo disponível em: <http://lattes.cnpq.br/3249608010390852>.

Profa. Renata Condi de Souza

Doutoranda do Programa de Pós-Graduação em Linguística Aplicada e Estudos da Linguagem da Pontifícia Universidade Católica de São Paulo. Possui mestrado em Linguística Aplicada e Estudos da Linguagem, especialização em Tecnologias Interativas Aplicadas à Educação, graduação em Letras – Licenciatura em Inglês – e graduação em Letras – bacharelado em Tradução pela Pontifícia Universidade Católica de São Paulo. Desde 1993, atua como professora e coordenadora em diferentes segmentos educacionais e é também examinadora da *University of Cambridge* para todos os exames *main suite*, tradutora e palestrante em *workshops* de formação docente. Faz parte do Grupo de Pesquisa em Linguística de Corpus (GELC), desenvolvendo pesquisas sobre produção de material didático com *corpora* e análise de linguagem jornalística. Tem experiência na área de Linguística Aplicada, com ênfase em Linguística, Educação e Tecnologia, atuando principalmente nos seguintes temas: ensino de inglês como língua estrangeira, educação bilíngue, novas tecnologias aplicadas à educação e tradução.

Currículo completo disponível em: <http://lattes.cnpq.br/4565392219431660>

Profa. Rosana de Barros Silva e Teixeira

Jornalista e professora de Língua Portuguesa. Mestra em Linguística Aplicada e Estudos da Linguagem pela Pontifícia Universidade Católica de São Paulo, é também membro do Grupo de Pesquisa em Linguística de Corpus (GELC)/CNPq. Desenvolve pesquisas nas áreas de Terminologia/Terminografia, Linguística de *Corpus* e Análise do Discurso.

Currículo completo disponível em: <http://buscatextual.cnpq.br/buscatextual/visualizacv.jsp?id=K4296254Z0>